English for Spani
errores comunes en inglés de los hispanohablantes

diccionario y guía

Mike O'Neill

Con diálogos de Steve Collins

Para todos los niveles de inglés

Montserrat
Publishing

MONTSERRAT PUBLISHING

English for Spanish speakers:
errores comunes en inglés de los hispanohablantes

ISBN 978-0-9528358-7-5

Primera edición bajo el presente título 2016
Maquetación: Hope Services (Abingdon) Ltd
Impreso por Tien Wah Press LTD
Diseño de cubierta: Naroa Lizar

Mike O'Neill nació en Belfast, Irlanda del Norte, pero se crió en Liverpool, en el norte de Inglaterra.

Vive en Barcelona desde hace más de 25 años, trabajando como profesor, formador de profesores y traductor.

Other books by Montserrat Publishing

Everyday English Series with Audio CD

By Steven Collins

Vocabulary and grammar books for upper-intermediate and advanced students.

Available at all good bookshops and online stores including Amazon.

Book 1

Book 2

Book 3

Grammar handbook

Contenido

Introducción

Este libro está dirigido a todos aquellos hablantes de español que quieran aprender y practicar el inglés cualquiera que sea su nivel. Es una versión nueva, actualizada y considerablemente ampliada, con nuevos diálogos y ejercicios, del libro: *¿El Ingles? ¡Sin problemas!*, del mismo autor, originalmente publicado por Edward Arnold en el Reino Unido en 1989.

Básicamente es un 'banco de información' de los errores más comunes y de los problemas que encuentran muchos estudiantes de inglés, sea por interferencia del español sea por las dificultades intrínsecas de la gramática inglesa.

El libro pretende ayudar tanto al estudiante que asista a clases de inglés como al que estudie por su cuenta (auto-aprendizaje) o simplemente a cualquier persona que utilice el inglés en su vida laboral o en sus estudios y necesite consultar alguna duda.

Además de funcionar como referencia, el libro también puede profundizar en el conocimiento del estudiante de las estructuras gramaticales del inglés, ayudándole a mejorar su nivel del inglés oral y escrito. Sin embargo, no se presupone por parte del estudiante un conocimiento detallado de todas las funciones gramaticales del inglés: por eso el libro no está estructurado como un libro de gramática, sino que las entradas aparecen por orden alfabético (en inglés), no por función gramatical ni tiempo verbal, facilitando así que el estudiante encuentre en seguida lo que busca. Por ejemplo, para consultar qué tiempo verbal se usa en una frase condicional, se puede buscar o por **CONDITIONALS** o por **IF** o bien por **WOULD**.

En cada entrada hay una breve explicación del problema. Debajo, a la derecha, aparece la frase en inglés que contiene el problema, con el error claramente marcado **en negro y en negrita** entre dos **X**, seguido de la versión correcta de la frase donde el error corregido sale en azul y en negrita. A la izquierda aparece la traducción en español de la frase.

Si el error trata de un vocablo inglés que a veces se utiliza incorrectamente hay una segunda frase para explicar el uso correcto de la palabra que induce a error.

Mira el ejemplo siguiente:

TO ASSIST

To assist significa **to help** (ayudar). Para traducir 'asistir' decimos **to attend** o **to go to**.

El sábado pasado asistí a una boda.	**X I assisted at / toX** *a wedding last Saturday.* *I went to* (o: *I attended*) *a wedding last Saturday.*
No puedo hacer todo el trabajo yo.	*I can't do all this work myself.*
¿Me puedes ayudar?	*Can you assist me?* (o: *help me?*)

Finalmente, decir que este libro tiene otro gran objetivo aparte de corregir errores y perfeccionar los conocimientos del inglés: ¡que el estudiante se lo pase bien utilizándolo!

Mike O'Neill
Barcelona
octubre 2015

Agradecimientos

Mis más sinceros agradecimientos:

a John McDowell (in memoriam), estimado compañero del British Council de Barcelona, por sus sabios consejos y entusiasmo durante la preparación del libro original.

a Mireia Bosch, ex catedràtica del departamento de inglés de l'Escola Oficial d'Idiomes de Barcelona, por sus contribuciones al libro original.

al editor Steve Collins, por ser un entusiasta impulsor de esta nueva versión del libro.

Traducción al castellano: Lourdes Gràcia Benabarre

A

A(N) (artículo indefinido)

(1) Se usa delante de profesiones.

Mi padre es profesor.	My father is **XteacherX**.
	My father is <u>a</u> teacher.

(2) No se puede usar delante de sustantivos incontables o plurales.

Teníamos buen tiempo.	We had **Xa nice weatherX**.
	We had nice weather.
Lleva un pantalón nuevo.	He's wearing **Xa new trousersX**.
	He's wearing new trousers.

(TO BE) ABLE TO ver **COULD**

ACTUAL(LY)

Actually significa 'en realidad', 'de hecho' y se utiliza para enfatizar una frase. Para traducir la palabra 'actualmente' podemos utilizar **currently, at the moment, nowadays**.

Actualmente, la situación económica es muy mala.	**XActuallyX**, the economy is in a very bad state.
	At the moment, the economy is in a very bad state.
-¿Vives en este barrio?	Do you live in this neighbourhood?
- De hecho,¡vivo en la misma calle que tu!	Actually, I live in the same street as you!

ADDRESS ver **DIRECTION**

ADEQUATE

En ingles, **adequate** significa 'suficiente' y no 'adecuado'. La traducción de 'adecuado' sería: **suitable, appropriate, (the) right...**

Debemos esperar el momento adecuado para hacerlo.	We have to wait for **Xthe adequateX** moment to do it.
	We have to wait for the right moment (o: a suitable moment) to do it.
Hay suficiente espacio aquí.	There is adequate (o: enough) room here.

ADJECTIVES (ADJETIVOS)

Los cuatro errores más comunes en el uso de los adjetivos en inglés son:

(1) Posición: los adjetivos deben ir delante del nombre.

Es una obra muy interesante.	*It's **Xa play very interestingX.*** *It's a very interesting play.*

(2) Nombre: los adjetivos no tienen forma plural, ni siquiera cuando se usan acompañados del artículo definido para referirse a grupos de gente (por ejemplo, **the blind, the poor**).

Ambas películas eran emocionantes.	*Both films were **XexcitingsX.*** *Both films were exciting.*
La ONCE es una organización para los ciegos.	*O.N.C.E. is an organisation for* **Xthe blindsX**. *O.N.C.E. is an organisation for the blind.*

(3) Adjetivos que se confunden entre sí, por ejemplo: **bored** y **boring**. Los adjetivos que terminan en "*-ed*" se refieren a estados o a sentimientos, por ejemplo **to be bored** (estar aburrido). Los adjetivos que terminan en "*-ing*" se refieren a cualidades, por ejemplo cuando hablamos de un libro o una película decimos **it is boring** (es aburrido/a). Algunos de los adjetivos más comunes con estas dos formas son: **tired, tiring, embarrassed, embarrassing, interested, interesting**.

Está muy aburrida: no tiene nada que hacer.	*She is very **XboringX**: she has nothing to do.* *She is very bored: she has nothing to do.*
El viaje fue muy cansado; al final todo el mundo acabó exhausto.	*The journey was very tiring: everyone was extremely tired at the end of it.*
Me sentí muy avergonzado cuando me equivoqué al decir su nombre. (¡fue un momento muy violento!)	*I was really embarrassed when I got her name wrong! (it was an embarrassing moment!).*
Me interesa mucho la fotografía: es un pasatiempo muy interesante.	*I'm very interested in photography; it's an extremely interesting hobby.*

(4) Formar correctamente los comparativos y superlativos (ver **MORE** y **MOST**).

ADVERBS (ADVERBIOS)

El error más común es utilizar un adverbio con verbos de percepción (por ejemplo: **to look, to smell, to sound, to seem**) en lugar de un adjetivo.

Ese vestido le sienta muy bien.	*She looks **XwellX** in that dress.* *She looks nice|good in that dress.*

¡Mmm! ¡Huele muy bien!	*Mmm! That smells **XfantasticallyX**!*
	Mmm! That smells fantastic!
Suena muy bien (eso).	*That sounds very **XwellX**.*
	That sounds very good.
Se siente cómodo en casa de sus suegros.	*He feels **XwellX** in his parents-in-law's house.*
	He feels good / comfortable in his parents-in-law's house.

ADVICE

Advice es un sustantivo incontable. Decimos **to give someone advice** o **a piece of advice**, pero no 'advices' o 'an advice'. El verbo es **to advise**.

¿Me puedes dar un consejo?	*Can you give me **Xan adviceX**?*
	Can you give me some advice?
Mis padres siempre me dieron buenos consejos.	*My parents always gave me good **XadvicesX**.*
	My parents always gave me good advice.
Si persiste el dolor en el tobillo, te aconsejo pedir hora con un traumatólogo.	*I (would) advise you to go and see a traumatologist if the pain in your ankle persists.*

AFRAID

La expresión **I'm afraid** quiere decir literalmente 'tengo miedo' pero también se utiliza como sinónimo de **I'm sorry, but**… para expresar malas noticias o para rechazar algo educadamente. **I'm afraid** no se usa con **but**.

Lo siento, no está en casa.	*X**I'm afraid, butX** he's not at home.*
	I'm afraid he's not at home
	(o: I'm sorry, but he's not at home.)

AFTER

Se cometen tres errores con **after**:

(1) no se usa normalmente como un adverbio; en su lugar utilizamos **afterwards** o **after that** o **later** o **and then**.

Comimos, y después fuimos a pasear.	*We had lunch, **Xand afterX,** we went for a walk.*
	We had lunch and then / after that / afterwards / later went for a walk.

(2) Nunca va seguido de un infinitivo sino de la forma *–ing* o de un sujeto y un predicado.

Después de cerrar la puerta se sentó.	*X**After to closeX** the door, he sat down.*

After closing the door, (o: after he closed the door,) he sat down.

(3) No se utiliza con un verbo en futuro pero sí con el presente o presente perfecto, incluso cuando se refiere al futuro.

Llámame cuando llegues.

*Ring me after **Xyou will arrive.X**
Ring me after you arrive.*

AFTERWARDS ver **AFTER**

AGE

(1) El verbo utilizado para decir la edad es **to be**, no **to have**.

Él tiene 25 años.

***XHe has 25(years).X**
He is 25.*

(2) Después de un número podemos decir **years old**, nunca solamente **years**.

Ella tiene 30 años.

***XShe is 30 years.X**
She is 30 years old.*

(3) Para preguntar la edad a alguien decimos **How old are you?** y no una pregunta con **years**.

¿Cuántos años tienes?

***XHow many years have you?X**
How old are you?*

AGO

(1) Se usa con el pasado pero nunca con el presente perfecto.

Vi la pelicula hace 3 semanas.

***XI have seenX** the film 3 weeks ago.
I saw the film 3 weeks ago.*

(2) Se utiliza después pero nunca antes de una expresión de tiempo.

Hace 6 años vivía allí.

He lived there 6 years ago.

TO AGONIZE, AGONY

En inglés estas dos palabras tienen un significado que denota menos gravedad que 'agonizar' y 'agonía'. La expresión **to be in agony** se usa para describir un dolor severo y continuo, por ejemplo un dolor de muelas. Por otro lado tenemos la expresión **to agonize (over)** que indica tener problemas a la hora de tomar una decisión difícil.

Mi abuelo está agonizando; no sabemos si aguantará la noche.

*My grandfather is **XagonizingX**: we don't know if he will last the night.
My grandfather is dying / close to death: we don't know if he will last the night.*

Se me inflamó una muela y no pude dormir en toda la noche por el dolor.	I got an inflamed tooth and was *in agony* all night.
Le está costando muchísimo decidir si the debe aceptar el trabajo, ya que supone que la familia tendría que ir a vivir al norte.	*He's agonizing* over whether to accept job, as it means the family would have to move up north.

TO AGREE

(1) No se puede usar con **to be**.

Estoy de acuerdo contigo.	X*I am agree*X with you. *I agree* with you.
No estamos de acuerdo.	X**We are not agree.**X We *don't agree*.

(2) Puede ir seguido de un verbo en infinitivo pero no de la forma **–ing**.

Acordaron enviarle dinero.	They agreed **X*sending her*X** some money. They agreed *to send her* some money.

ALL

(1) Para expresar 'todo', normalmente no se usa **all** solo: casi siempre va acompañado de una oración subordinada, o bien se utiliza **everything**.

Me lo contó todo.	She told me X*all.*X She told me *everything*. (*She told me all she knew*).

(2) (a) **All** y **every** son similares pero no idénticos. **All** se usa sin el **the** con un sustantivo y un verbo en plural, en cambio **every** acompaña a un sustantivo singular cuando hablamos sobre personas o cosas en general. Sin embargo, si nos referimos a un grupo específico de personas o cosas, se puede utilizar **all the**.

Todos los animales tienen instinto de supervivencia.	X**All the animals have**X *a survival instinct.* *All animals have* (o: *every animal has*) *a survival instinct.* (<u>animales en general</u>)
Todos los animales en este zoo se compraron legalmente.	*All the animals* in this zoo were bought legally. (<u>grupo concreto de animales</u>)

(2) (b) **All** puede ir acompañado de un sustantivo singular para decir **the whole (of)**. En cambio no podemos usar **every** de esta manera.

Trabaja todo el día.	He works **Xevery day.X** (ver 2c)
	(esto significa '*trabaja todos los días*')
	He works all day.

(2) (c) No podemos usar **all (the)**... con un sustantivo plural en expresiones que se refieren a acciones habituales o repetidas; en su lugar debemos utilizar **every** con un sustantivo en singular.

Todos los martes tenemos clase.	**XAll the TuesdaysX** we have a Literature class.
	Every Tuesday we have a Literature class.

TO ALLOW ver **LET**

ALMOST ver **HARDLY**

ALONE

Esta palabra se confunde muchas veces con **lonely** y **only**. Normalmente **alone** significa 'solo', sin otras personas. Por otro lado, la palabra **lonely** se utiliza bien para expresar un sentimiento que se refiere a la necesidad de compañía (para personas) o bien para referirse a un lugar desolado. **Only** lleva implícito el sentido de 'únicamente' o 'no más de'.

Lo hizo él solo.	He did it **Xonly.X**
	He did it alone / on his own.
Tienen pocos amigos; se sienten muy solos.	They are **XaloneX** people; they have few friends.
	They are lonely people; they have few friends.
El desierto es un lugar inhóspito y desolado.	The desert is a bleak, lonely place.
En esta habitación no caben más de cinco personas.	Only five people fit in this room.

A LOT (OF) ver **MUCH (1)**

ALREADY ver también **STILL**

(1) La palabra **already** se confunde a menudo con los vocablos **still** y **yet**. Usamos **already** para hablar de una acción que ha tenido lugar antes o más rápidamente de lo que esperábamos. **Yet** se usa normalmente en oraciones negativas o interrogativas para describir algo que está pasando o era esperado que pasase. **Still** se usa cuando una acción continúa (a menudo cuando creemos que debería haber terminado).

Aún no he acabado el informe.	I haven't finished the report **Xalready.X**
	I haven't finished the report yet.

¿Ya has terminado el trabajo?	Have you done that work *already*? (expresando sorpresa)
¿Has hecho ese trabajo?	Have you done that work *yet*? *(una pregunta que requiere una contestación de si o no)*
Sólo lleva 3 meses trabajando allí y ya lo han ascendido.	He's only been working there for 3 months and he's been promoted **Xyet.X** He's only been working there for 3 months and he's been promoted *already*. (expresando sorpresa)
Los científicos todavía buscan un remedio para el cáncer.	Scientists are **XalreadyX** looking for a cure for cancer. Scientists are *still* looking for a cure for cancer. (hace mucho tiempo que existe el problema)
¿Todavía estás haciendo los deberes?	Are you *still* doing your homework? (deberías haberlos acabado hace tiempo)

(2) Cuando **already** se usa para hablar sobre una acción que ya ha sucedido va acompañado del pretérito perfecto (en inglés británico) o del pasado simple (en inglés americano).

Ya he visto esta película.	*I've already seen* that film. (inglés británico) *I already saw* that film. (inglés americano)

ALTHOUGH ver también **EVEN THOUGH, THOUGH, DESPITE, IN SPITE OF**

(1) **Although** significa 'aunque'; es una conjunción que une dos partes de una oración o dos oraciones y por tanto siempre va seguida de otra oración que contenga un sujeto y un predicado, pero nunca de un sustantivo o un pronombre. En este último caso, utilizamos **in spite of** o **despite** (a pesar de).

Salieron a correr a pesar del fuerte viento.	They went out for a run **Xalthough the strong wind.X** They went out for a run in spite of / despite the strong wind. Although it was very windy, they went out for a run. (o: They went out for a run although it was very windy.)

(2) Muchas veces **although** y **though** son intercambiables pero existen dos casos donde tenemos que utilizar **though** en vez de **although**:

a. con **even**, para enfatizar.

Aunque tenía mucho miedo, mantuve la calma.	**XEven althoughX** I was frightened, I kept calm.
	Even though I was frightened, I kept calm.

b. al final de una oración, con sentido de **however**.

El AVE es fantástico, sin embargo, es muy caro.	The AVE is fantastic. It's very expensive, **Xalthough.X**
	The AVE is fantastic. It's very expensive, though.

ALWAYS ver **EVER**

AMONG ver **BETWEEN**

AMUSING ver también **FUNNY**

Amusing tiene un significado similar a **funny** en el sentido de cómico, algo que nos hace reír. Cuando algo es divertido pero no nos hace reír, decimos que es **enjoyable** o **entertaining** pero no **amusing**.

La visita al museo fue muy interesante — vimos muchos objetos romanos antiguos.	The museum visit was very **XamusingX** – we saw a lot of old Roman objects.
	The museum visit was very enjoyable / interesting – we saw a lot of old Roman objects.
Contó muchos chistes divertidos.	He told a lot of amusing / funny jokes.

AND

(1) **And** se usa para conectar dos partes de una oración o dos palabras cuando no existe contraste. Si existe contraste, debemos usar **but**.

Fui a la estación a toda prisa pero ya había salido el tren.	I rushed to the station **XandX** the train had already left / gone.
	I rushed to the station but the train had already left / gone.

(2) Cuando dos o más adjetivos preceden un sustantivo en una oración, no se pueden unir con **and** a menos que sean del mismo tipo (por ejemplo: dos colores, dos palabras que describen el carácter de una persona, etc.)

Es un edificio grande y blanco.	It's a **Xlarge and whiteX** building.
	It's a large, white building.

Es un viejo muy aburrido.	He's a **Xboring and oldX** man. He's a *boring old* man.
Es una persona afectuosa y simpática.	She's a *warm (and) friendly* person.
Mi gato es negro y marrón.	My cat is *black and brown*.

ANGINA

¡Cuidado con esta palabra! En inglés **angina** significa 'dolor', generalmente de carácter opresivo, localizado en el esternón, ocasionado por insuficiente aporte de sangre (oxígeno) a las células del músculo del corazón. En cambio en español usamos 'anginas', el plural de 'angina', para describir una inflamación de las amígdalas; en inglés, diríamos **to have a sore throat**.

Me duele el cuello al hablar porque tengo anginas.	It hurts me to speak because I've got **XanginaX**. It hurts me to speak because I've got *a sore throat*.
Se encuentra hospitalizado ya que sufrió una angina de pecho	He is in hospital under observation after suffering an attack of *angina*.

ANGRY ver **NERVOUS**

ANNOY / ANNOYED ver **DISGUSTED / DISGUSTING**

ANOTHER ver también **OTHER**

Another va seguido de un sustantivo <u>singular</u> excepto cuando se trata de un número o **a few** con un sustantivo plural – ver **OTHER** para más detalles.

He invitado a Jim, Anne y a otra gente.	I've invited Jim, Anne and **XanotherX** people. I've invited Jim, Anne and *other* people.
Aquí hay otro ejemplo de este fenómeno.	Here is *another* example of this phenomenon.
Estamos pensando en quedarnos algunos días más / tres días más.	We are thinking of staying *another few days* / *another three days*.

ANY ver también **SOME**

(1) **Any** no puede ser usado delante de un sustantivo contable singular: en estos casos se usa **a** o **an**.

No tengo libro(s).	I haven't got **Xany book.X** I haven't got *a book*. I haven't got *any books*.

¿Has visto alguna película buena últimamente?	Have you seen **Xany good filmX** recently? Have you seen *any good films* recently? (o: Have you seen *a good film* recently?)

(2) En frases interrogativas se usa en lugar de **some**, pero nunca cuando la respuesta esperada es **yes**.

¿Tienen plátanos? (en una tienda)	Have you got *any* bananas?
¿Te apetece un té? (en una casa)	Would you like **XanyX** tea? Would you like *some* tea?
¿Me pones un poco de carne?	Could I have **XanyX** meat, please? Could I have *some* meat, please?

(3) No se puede usar con un significado negativo a menos que vaya acompañado de **not**.

-¿Alguna pregunta? / ¿Algún problema? *-(No,) ninguna. / -(No,) ninguno*	"Any questions?" "Any problems?" "(No,) **XanyX** (questions)." "(No,) **XanyX** (problems)." "(No,) *no questions.*" (o: "None.") "(No,) *no problems.*" (o: "None.")
No hay buenos restaurantes en este this barrio.	There *aren't any* good restaurants in area.

(4) Any en afirmativo puede significar también 'cualquier'.

Escoge el libro que quieras /cualquier libro.	Choose *any* book you like.

ANYBODY / ANYONE ver también **ANY, ANYONE**

Ambas palabras tienen el mismo significado.

(1) En afirmativo significan 'cualquiera'.

Cualquiera puede aprender un idioma extranjero.	*Anyone / Anybody can learn a foreign language.*

(2) En una expresión interrogativa normalmente sustituyen **somebody / someone**.

-¿Conoces a alguien del pueblo?	"Do you know **XsomebodyX** in the village?" "Do you know *anybody* in the village?"

(3). Solamente tienen un significado negativo cuando se usan con un verbo en negativo. En cambio si el verbo es afirmativo, usamos **nobody / no one**.

-¿Conoces a alguien del pueblo?	"Do you know anybody in the village?"
-No, a nadie.	"No, **XanybodyX Xanyone.X**"
	"No, nobody / no one."
No había nadie en la calle.	There was **XanyoneX** in the street.
	There was no one / nobody in the street. (o: There wasn't anybody / anyone in the street.)

ANYONE

Existe un problema adicional con la palabra **anyone**.

(1) A menudo se confunde con **any one**, que quiere decir 'cualquiera que quieras o te guste'.

-¿Qué libro puedo coger?	"Which book can I take?"
-Coge el que quieras.	"Take **XanyoneX** you like."
	"Take any one you like."

(2) No se puede utilizar **any one** cuando se quiere contestar a una pregunta en sentido negativo.

-¿Tienes DVDs?	"Have you got any DVDs?"
-No, ninguno / ni uno.	"No, **Xany oneX**."
	"No, none." (o: "No, I haven't got any.")

ANYTHING ver también **ANY** y **ANYBODY**

Anything solo puede tener un significado negativo cuando va precedido de un verbo en forma negativa.

No pasaba nada.	**XAnythingX** was happening.
	Nothing was happening.
No veía nada.	I couldn't see anything.

APPOINTMENT

Esta palabra significa 'cita', pero solo en un registro formal, por ejemplo una cita de negocios o con un dentista o un médico. Cuando se trata de quedar un chico y una chica, por ejemplo, usamos la expresión **to have a date** o simplemente **to meet**.

Ayer llamé a Mary y quedamos para mañana a las 8.	Last night I rang Mary and we X**made an appointmentX** for 8.00 tomorrow.
	Last night I rang Mary and we made a date for 8.00 tomorrow.
	(o: ...and We're meeting at 8.00 tomorrow.)
Acabo de llamar al dentista para pedir hora.	I've just made an appointment to see the dentist. (o: ...with the dentist.)

TO ARRIVE

Este verbo nunca va seguido por **to**. Se usa con la preposición **in** para ciudades, pueblos y países y con **at** para lugares específicos o edificios en un pueblo o ciudad.

Llegaron a Londres la semana pasada.	*They arrived **XtoX** London last week.*
	They arrived in London last week.
Llegó al cine / al teatro / a casa de Paul / a su despacho a las 8.	*She arrived **XtoX** the cinema / **XtoX** the theatre / **XtoX** her office at 8 o'clock.*
	She arrived at the cinema / at the theatre / at her office at 8 o'clock.

AS ver **LIKE, HOW**

AS SOON AS ver también **BEFORE** y **WHEN**

En las oraciones subordinadas temporales que se refieren al futuro, **as soon as** va seguido de un verbo en presente o en pretérito perfecto (present perfect), pero nunca en futuro.

Llámame en cuanto llegues a casa	*Call me as soon as you **Xwill getX** home.*
	Call me as soon as you get home.
	(o: ...as soon as you have got / you've got home.

TO ASK

(1) El verbo **to ask** nunca va seguido de un **to** cuando preguntamos algo a alguien.

Se lo preguntaré a Peter.	*I will ask **XtoX** Peter.*
	I will ask Peter.

(2) Si **to ask** lleva dos objetos, la persona va primero.

Pídele la hora a ese señor.	***XAsk the time to that man.X***
	Ask that man the time.

(3) Normalmente utilizamos **for** después de **to ask** cuando el objeto es algo que se da, pero no cuando es algo que una persona dice a otra.

Les pidió su ayuda.	*She **Xasked their helpX**.*
	She asked for their help.
Preguntó cómo se llamaba la calle.	*He **Xasked forX** the name of the street.*
	He asked the name of the street.

(4) En preguntas indirectas decimos **to ask (someone) to do something**, no 'to ask that someone...'.

Les pidió que le esperasen.

He asked **Xthat they waitedX** for him.
He asked *them to wait* for him.

To assist significa **to help** (ayudar). Para traducir 'asistir' decimos **to attend** o **to go to**.

El sábado pasado asistí a una boda.

XI assisted at / toX a wedding last Saturday.
I went to (o: *I attended*) a wedding last Saturday.

No puedo hacer todo el trabajo yo.
¿Me puedes ayudar?

I can't do all this work myself.
Can you *assist* me? (o: *help* me?)

(1) Usamos **to avoid** para decir que evitamos una situación que ya existe, en cambio decimos **to prevent** para referirnos a algo que aún no ha sucedido.

La ONU es una organización
que intenta impedir que haya guerras.

The U.N. is an organisation which tries to **XavoidX** war.
The U.N. is an organisation which tries to *prevent* war.

Salió a las 6 de la madrugada
para evitar la hora punta.

He left at 6 a.m. to *avoid* the rush hour.

(2) Podemos usar **to avoid** para uno mismo pero para otra personas o personas debemos emplear **to prevent someone (from) doing something**.

Hablaban en voz baja para no
despertar al niño.

They spoke quietly to **XpreventX** waking the baby.
They spoke quietly to *avoid* waking the baby.

Han puesto una barandilla
para que no se caiga la gente.

They have put up a handrail to **XavoidX** people falling.
They have put up a handrail to *prevent* people (from) falling.

BAD(LY)

Bad solamente puede ser un adjetivo. **Badly** es la forma adverbial.

Canta muy mal.	He sings very **Xbad.X** He sings very badly.
Hablo muy mal el inglés.	I speak **Xvery bad the English.X** I speak very bad English. (o: I speak English very badly.)
El trabajo está muy mal pagado	The job is **Xvery bad paid.X** The job is very badly paid.

BATH

To have (or **take**) **a bath** quiere decir que nos bañamos en casa, en la bañera. **To bathe**, en cambio, significa bañarse en el mar o en un río, aunque la forma más común en este caso sería **to swim / to go for a swim / to have a swim**.

Me bañé porque el mar no estaba frío.	The sea wasn't cold, so I **Xhad a bath.X** The sea wasn't cold, so I had a swim. (o: … so I went for a swim.)
Tomo un baño cada noche antes de acostarme.	**XI batheX** every night before going to bed. I have a bath every night before going to bed.

TO BE USED TO ver **USED TO**

TO BEAT ver **TO WIN**

BECAUSE (OF)

Because se usa antes de una oración; en cambio **because of** es una preposición y se utiliza delante de un nombre o un pronombre.

Dejaron de jugar a causa de la lluvia.	They stopped playing **Xbecause ofX** it was raining. They stopped playing because it was raining. (o: because of the rain.)

| Llegó tarde porque los autobuses estaban en huelga. | She arrived late **XbecauseX** the bus strike. |
| | She arrived late *because of* the bus strike. |

BEEN

Been y **gone** se usan como participios de **go**, aunque siempre hemos de tener presente que **been** normalmente significa que alguien fue y volvió. **Gone**, por otro lado, significa que la persona no está aquí en este momento.

¿Has estado alguna vez en Londres?	Have you ever **XgoneX** to London?
	Have you ever *been* to London?
No está en casa. ¿Adónde ha ido?	He's not at home – where has he **Xbeen?X**
	He's not at home – where has he *gone*?
Vengo de comprar.	I've just **XgoneX** shopping.
	I've just *been* shopping.

N.B. **Been** también se usa cuando una persona está en un sitio y estamos hablando con el/ella en ese mismo sitio.

| ¿Has estado antes en Londres? | Have you *been* to London before? |
| | (ahora estamos en Londres). |

BEFORE ver también **AFTER, AFTERWARDS, AS SOON AS, (IN) FRONT (OF), WHEN**

(1) De la misma manera que **after**, **before** no es un adverbio, excepto cuando usamos **before that / this**.

| Salieron de casa; antes, habían visto el partido en la televisión. | They went out; **XbeforeX,** they had watched the match on TV. |
| | They went out; *before that*, they had watched the match on TV. |

(2) Hay que recordar que va seguido de un verbo en gerundio, no en infinitivo.

| Cenó antes de ver la película. | He had dinner **Xbefore to watchX** the movie. |
| | He had dinner *before watching* the movie. |

(3) En oraciones temporales que se refieren al futuro, **before** va seguido de un verbo en presente (o presente perfecto), no en futuro.

| Envíame un SMS antes de llegar al trabajo. | Text me before you **Xwill getX** to work. |
| | Text me before you *get* to work. |

(4) Before raramente se usa como una preposición de lugar; en estos casos utilizamos **in front of** o bien **outside**, dependiendo del ejemplo.

Estaba delante de la puerta.	He was standing **Xbefore the door.X**
	He was standing in front of the door.

BEHIND ver **(IN) FRONT (OF)**

BEST, BETTER

Best es el <u>superlativo</u> de **good** y normalmente va acompañado de **in** cuando decimos el /la mejor... de una ciudad, un país etc.

Better, acompañado de **than**, es la forma comparativa de **good**.

Aquel bar tiene el mejor café de la ciudad.	That bar has **Xthe better coffee ofX** the city.
	That bar has the best coffee in the city.
Para mí, Ivanovic es mejor que Nadal.	I think Ivanovic is better **XthatX** Nadal.
	I think Ivanovic is better than Nadal.

(HAD) BETTER

La expresión **you had (you'd) better** se usa cuando damos un consejo a alguien. Es un poco más contundente que **should**, pero menos que **must** y va acompañado del infinitivo del verbo <u>sin to</u> (igual que **should** y **must**). Casi siempre en inglés informal se contrae en **I'd / you'd** (etc) **better**... lo cual induce al error al pensar que es una contracción de 'would better', que no es el caso. Otro error sería omitir el **'d**.

Sería mejor que te acostaras si te encuentras mal.	**XYou would betterX XYou had better toX**
	XYou betterX go to bed if you're feeling ill.
	You had better (You'd better) go to bed if you're feeling ill.

La forma negativa se expresa añadiendo **not** después de **had / 'd better**:

-¿Quieres otro trozo de tarta?	"Would you like another piece of cake?"
- Gracias, mejor no, estoy intentando perder peso.	"No thank you, I'd better not; I'm trying to lose weight."

BETWEEN

Between se usa cuando nos referimos a dos o más objetos que podemos ver y distinguir claramente el uno del otro. **Among** es para grupos de personas y cosas que no se pueden separar.

Estaba sentado entre John y Mary.	He was sitting **XamongX** John and Mary.
	He was sitting between John and Mary.

Vivió dos años entre pueblos tribes indigenes indígenas del Amazonas.	She lived for two years **XbetweenX** in the Amazon. She lived for two years among indigenous tribes in the Amazon.
Luxemburgo se encuentra entre Francia, Alemania y Bélgica.	Luxemburg is **XamongX** France, Germany and Belgium. Luxemburg is between France, Germany and Belgium.

BILL ver **RECEIPT**

BORED, BORING ver **ADJETIVOS (4)**

TO BE BORN

Born se usa con diferentes tiempos del verbo **to be** del que es inseparable. No se puede utilizar como si fuera un verbo ordinario, por ejemplo, no cambia la forma en otros tiempos y tampoco se usa con los verbos auxiliares **do** y **did**.

¿Dónde naciste?	Where **Xdid you born?X** Where were you born?
Nació en 1960.	**XHe bornedX** in 1960. He was born in 1960.
En el futuro nacerán más niños en casa.	In the future, more children **Xwill bornX** at home. In the future, more children will be born at home.

TO BORROW

To borrow se confunde con **to lend** muchas veces. Su significado es 'tomar algo prestado', en cambio **to lend** significa 'dejar algo'.

¿Puedes dejarme 50 euros?	Can you **XborrowX** me 50 euros? Can you lend me 50 euros?
¿Me dejas tu libro?	Can I **XlendX** your book? Can I borrow your book? (o: Can you lend me your book?)
Sus padres les dejaron dinero.	They borrowed money **XtoX** their parents. They borrowed money from their parents. (o: Their parents lent them money.)

BOTH

(1) Para saber la posición normal de **both** en una oración, ver **WORD ORDER (2)**.

Ambos son franceses.	They **Xboth areX** French. They *are both* French.
A los dos nos gusta nadar.	We **Xlike swimming both.X** We *both like* swimming.
Ambos han estado en Turquía.	They **Xboth have beenX** to Turkey. They *have both been* to Turkey.

(2) **Both** no puede ir precedido de un artículo.

Los dos hombres fueron detenidos.	**XThe both menX** were arrested. *Both men* were arrested.

(3) No puede usarse sin **of** delante de un pronombre personal.

Vamos a correr los dos cada día.	**XBoth weX** go running every day. *Both of us* go running every day.

(4) Cuando va delante de un nombre solo puede ir acompañado de **of** si hay un artículo (p.ej. **the**), un posesivo (p.ej. **my**) o un demostrativo (p.ej. **these**).

Los dos coches se averiaron.	**XBoth of carsX** broke down. *Both cars / Both of the cars* broke down.
Mis dos hermanos viven en Australia	*Both (of) my brothers live in Australia.* .
Ambos libros se venden mucho en España.	*Both (of) these books sell well in Spain.*

TO BREAK

(1) **To break** se utiliza para sólidos, por ejemplo la televisión, una silla, la pierna. Para papel, ropa, tela etc. usamos **to tear**.

Rompió la hoja en cuatro trozos.	He **XbrokeX** the paper into four pieces. He *tore* the paper into four pieces.
Al sentarse, la silla se le rompió.	The chair *broke* when he sat on it.

(2) Utilizamos **to break down** para decir que el coche se ha estropeado. También se puede expresar con **not to work**.

Se le averió el coche en la the autopista.	His car **XbrokeX Xwas brokenX** on motorway. His car *broke down* on the motorway.
Mi coche no funciona.	My car **Xis brokenX** at the moment. My car *isn't working* at the moment.

TO BRING

To bring se confunde muchas veces con **to take**, pero el primero implica movimiento hacia la persona que habla (traer) y el segundo comporta movimiento desde la persona que habla (llevar).

(una conversación telefónica)
John lleva a los niños al colegio cada día.

*John **XbringsX** the kids to school every day.*
John takes the kids to school every day.

(Habla la profesora a sus alumnos)
No os olvidéis de traer los deberes mañana.

*Don't forget to **Xtakex** your homework (to class) tomorrow.*
Don't forget to bring your homework (to class) tomorrow.

BROTHER

Brother y su plural **brothers** son siempre masculinos. Cuando nos referimos a 'hermanos' (hermano/s y hermana/s) debemos utilizar: **brother/s and sister/s**.

Tengo dos hermanos, Paul y Mary.

*I have / I've got **Xtwo brothersX**, Paul and Mary.*
I have / I've got a brother and a sister, Paul and Mary. (o: one brother and one sister, …)

¿Tienes hermanos?

Have you got any brothers and sisters?

BUSINESSMAN ver **IMPRESARIO**

BUT ver **AND**

TO BUY

To buy tiene que ir acompañado de un objeto, pero si éste no se especifica deberemos utilizar la expresión **to go shopping, to do some shopping**.

Fue a comprar al mercado.

*She **Xwent to buyX** at the market.*
She went shopping at the market.

Tengo que ir a comprar.

I must Xgo (out) to buyX.
I must go (out) shopping.

BY NOW

By now significa **ya** o **a estas alturas**; no se refiere a una situación temporal ni a algo que está pasando ahora: en estos casos en inglés utilizamos **for the moment, for now** o **at the moment**.

Son las ocho: (me imagino que) ya habrán llegado a Madrid
pero:

It's 8 o'clock: (I imagine) they'll be in Madrid by now.

- *¿Qué haces ahora?*

"What are you doing these days?"

- De momento / por ahora estoy trabajando en una tienda pero espero encontrar algo mejor pronto.

" ***XBy nowX*** *I'm working in a shop but I hope to find something better soon.* "For now / at the moment *I'm working in a shop but I hope to find something better soon.*"

BYE

Aunque **bye** es una abreviación de **goodbye**, su traducción al español no se siempre se corresponde a 'adiós'. En inglés usamos **bye** para despedirnos de una o varias personas después de haber pasado un tiempo con ellas, por ejemplo al final de un acto social, después de una reunión o para finalizar una llamada telefónica con un amigo. Sin embargo cuando caminamos por la calle y saludamos a alguien a quien no conocemos muy bien y con quien no estableceremos una conversación, la forma correcta es **Hello!** o **Hi!** y no **bye / goodbye**.

C

TO CALL

En inglés no utilizamos **to call** cuando hablamos del nombre de alguien, aunque sí para referirnos al mote de una persona.

¿Cómo se llama?	**XHow is he called?X**
	What is his name?
Lo llaman 'el león' porque tiene mucho coraje.	He is called 'the lion' because he is very brave.

CAMPING

En inglés **camping** designa la actividad, no el lugar, que es **campsite**.

Dormimos en un camping muy bonito.	We stayed at/on a nice **Xcamping.X**
	We stayed at/on a nice campsite.
Hacemos camping todos los veranos.	We go camping every summer.

CAN

(1) **Can**, como muchos verbos auxiliares modales, no se puede utilizar con **to, do** o **did** y no tiene infinitivo ni participio. Ver **MODAL AUXILIARY VERBS**.

¿Sabes nadar?	**XCan you to swim?X**
	Can you swim?

(2) Para indicar una acción de futuro no podemos usar **can** con **will**, en su lugar debemos utilizar **will be able to**.

Cumpliré 18 años en marzo y entonces podré sacarme el permiso de conducir.	I'll be 18 in March; **XI'll can getX** a driving licence then.
	I'll be 18 in March; I'll be able to get a driving licence then.

(3) **Can** solamente se usa para indicar una posibilidad general, algo que a veces es posible o generalmente verdadero. Para indicar una posibilidad que se refiere a una ocasión determinada, usamos **may, might** o **could**.

Está muy nublado: puede que llueva esta tarde.	It's very cloudy: **Xit can rainX** this afternoon.
	It's very cloudy: it might / may / could rain this afternoon. (una ocasión determinada)

Normalmente agosto es el mes más seco pero puede ocurrir que llueva mucho.

August is normally the driest month but *it can rain* heavily. (<u>algo que a veces es posible</u>)

TO CARE

La expresión **I don't care** se confunde a menudo con **I don't mind**. **I don't care** significa 'no me importa', 'me da igual'. **I don't mind** se traduce como 'no me molesta'.

Puede decir lo que quiera; sencillamente, no me importa.

He can say what he likes - **XI just don't mind.X**
He can say what he likes - *I just don't care.*

¿Te molesta / importa que fume?

XDo you care if I smoke?X
Do you mind if I smoke?

CAREER

Para expresar 'cursar un grado / asignatura' o 'estudiar una carrera' en la universidad, en inglés se dice **to do/study a degree/subject**. **Career** se refiere solamente a la vida profesional después de acabar los estudios.

¿Qué carrera estudia?

XWhat careerX is he studying / doing?
What degree / subject is he studying / doing?

Tuvo una excelente vida professional: durante 30 años fue una destacada abogada.

She had a wonderful career: she was a top lawyer for 30 years.

TO CARRY

To carry quiere decir llevar algo en las manos o en los brazos y se asocia con la idea de movimiento. **To hold** significa lo mismo pero sin la idea de movimiento. **To take** se traduce como llevar con la idea de transporte (sobre todo en coche). **To wear** se refiere a ropa.

Te llevaré a la estación.

I'll **Xcarry X** you to the station.
I'll take you to the station.

¿Qué llevas / tienes en la mano?

What are you **XwearingX** (in your hands)?
What are you carrying / holding?

Lleva (puesto) un nuevo vestido.
Los carteros tienen que llevar sacos llenos de cartas.

She's wearing a new dress.
Postmen have to **XholdX** sacks full of letters.
Postmen have to carry sacks full of letters.

IN CASE

In case se traduce como 'por si acaso', pero no como 'en el caso de que', que es condicional, y se expresa con **if....**

Si perdemos el tren, tendremos que ir en autocar.	*X**In case**X we miss the train, we'll have to go by coach.* *If we miss the train, we'll have to go by coach.*
Llévate el paraguas por si llueve.	*Take your umbrella in case it rains.*

CASUALITY

No existe esta palabra en inglés. Ver **CHANCE** (2).

TO CATCH

To catch tiene dos significados:

(1) coger el tren, el autobús.

Cogió el tren de las 1730.	*He caught the 5.30 train.*

(2) coger algo que ha sido lanzado, por ejemplo un balón. No lo podemos utilizar con objetos (a no ser que hayan sido lanzados) como un libro, un paraguas, un bolígrafo, etc. Utilizamos **to pick up** para coger un objeto, una cosa que se encuentra en el suelo, mesa, estantería, etc. Por otra parte, **to take** se usa para indicar que cogemos un objeto con el que saldremos fuera.

Cogió el bolígrafo y empezó a escribir una carta.	*He X**caught**X his pen and started writing a letter.* *He picked up (o: took) his pen and started writing a letter.*
Cogió las llaves del coche y se fue.	*He X**caught**X his car keys and left.* *He took (o: picked up) his car keys and left.*
El portero atrapó la pelota.	*The goalkeeper caught the ball.*

(3) Hay que recordar que la traducción de 'constiparse' es **to catch a cold**.

Creo que me constipé en casa de Peter: ¡estaba tan fría y no había calefacción!	*I think I caught a cold in Peter's house: it was so cold and there was no heating!*

TO CELEBRATE

To celebrate indica celebrar cuando hablamos de la Navidad, de un cumpleaños, una boda. En cambio no lo podemos utilizar cuando nos referimos a un concierto o a una reunión que se celebra. En estos casos se usan las expresiones **to have / hold**, **to take place** o **to be held** (pasiva).

El concierto se celebró en el parque.	The concert **Xwas celebratedX** in the park.
	The concert *was held / took place* in the park.
Por Navidad hicimos una fiesta.	We **XcelebratedX** a party for Christmas.
	We *had / held* a party for Christmas. (o: We *had* a party *to celebrate* Christmas).
Los aficionados celebraron haber ganado la copa.	The supporters *celebrated* (their team) winning the cup.

CHANCE

(1) **Chance** significa 'oportunidad', no 'suerte'.

¡Qué suerte! ¡Has ganado un coche nuevo!	**XWhat (a) chance!X** You've won a new car!
	What luck! You've won a new car!
¡Qué oportunidad! ¡No te ofrecen cada día la posibilidad de trabajar en Los Angeles!	*What a chance!* – it's not every day you get the opportunity to work in L.A!

(2) Usamos **by chance** para expresar una idea de coincidencia que implica que las cosas suceden por accidente, no porque hayan sido planificadas. La palabra '**casuality**' no existe en inglés: es una traducción literal (errónea) de 'casualidad'.

| No es casualidad que la empresa haya obtenido grandes beneficios este año. | **XIt is not a casualityX** that the company has made an excellent profit this year. |
| | *It is not by chance* that the company has made an excellent profit this year. (o: *It is no accident* that the company has made an excellent profit this year.) |

TO CHANGE

To change no va seguido de **of**. Normalmente hablamos de **changing your mind**, pero no de **changing an idea**.

| Al principio me gustaba la idea pero ahora he cambiado de opinión. | At first I liked the idea, but now I've **Xchanged of idea / opinión.X** |
| | At first I liked the idea, but now I've *changed my mind*. |

CHRISTMAS

Las diferentes preposiciones utilizadas con **Christmas** son motivo de confusión. Decimos **at Christmas** para hablar de todo el período festivo pero en cambio si hablamos del día de Navidad utilizamos **on Christmas**

Day y para referirnos a las vacaciones de Navidad la forma correcta es **in / during the Christmas holiday(s)**.

En Navidad se reune toda la familia.	**XIn ChristmasX**, *all the family gets together.* **At Christmas**, *all the family gets together.*
El día de Navidad hacemos una comida especial.	*We have a special meal* **Xin Christmas Day.X Xthe Christmas Day.X** *We have a special meal* **on Christmas Day**.
¿Qué hiciste durante las vacaciones de Navidad?	*What did you do* **in / during the Christmas holidays**?

TO CLAIM

(1) Hay que tener cuidado cuando se quiere utilizar el verbo **to claim**, porque no siempre es la traducción del verbo español 'reclamar'. Por ejemplo, reclamar dinero, derechos o alguna pertenencia tuya sí que se expresan con **to claim** pero en una manifestación, por ejemplo, 'reclamar algo' (un cambio en la ley o en la política de un gobierno, una subida de salario etc.) en inglés sería **to call for** o **to demand**.

Varios clientes reclamaron el reembolso de su dinero porque las mercancías estaban en malas condiciones.	*Several customers* **claimed** *their money back because the goods were damaged.*
Nadie reclamó el paraguas que había quedado olvidado en el autobús.	*Nobody* **claimed** *the umbrella which had been left on the bus.*
Los manifestantes reclamaron la dimisión Ministro de Asuntos Exteriores por sus declaraciones desafortunadas.	*The demonstrators* **XclaimedX** *the del resignation of the Foreign Minister for his unfortunate comments.* *The demonstrators* **called for** (o: **demanded**) *the resignation of the Foreign Minister for his unfortunate comments.*

(2) Recuerda que **to claim** también significa 'afirmar'.

El acusado afirma haber estado en casa con una amiga en el momento del atraco.	*The accused* **claims** *he was at home with a friend at the time of the robbery.* (no se sabe si es verdad o no.)

TO CLOSE

To close significa 'cerrar' pero 'cerrar con llave' se dice **to lock**.

¿Has cerrado el coche?	**XHave you closedX** *the car?* *Have you* **locked** *the car?*
Anoche no cerraste la puerta.	*You didn't* **XcloseX** *the front door last night.*

| | You didn't **lock** the front door last night. (o: You **left the front door unlocked** last night.) |
| *Cierra la puerta al salir, por favor.* *Si no, habrá corriente.* | Please **close** the door behind you as you go out. If not, there will be a draught. |

COLD

(1) En inglés usamos el verbo **to be** o **to feel** y no **to have**, con adjetivos de temperatura (**cold, hot, warm**). Además **to be cold** (etc) se utiliza para personas, objetos y el tiempo. **To have a cold** significa 'estar constipado'.

Pasé frío esta noche.	**XI had coldX** *during the night.* *I was / I felt cold during the night.*
Hace frío esta tarde.	*It is cold this afternoon.*
No voy a bañarme: el agua está demasiado fría.	*I'm not going for a swim: the water is too cold.*
Es una persona muy fría.	*He is a very cold person.*
Estoy resfriado pero me siento bien.	*I have a cold but I feel ok.*

(2) **Cold** se refiere a una temperatura extrema y tiene una connotación negativa. **Cool** significa 'no caliente' o 'menos caliente' y puede tener un sentido tanto positivo como negativo.

Después de un día muy caluroso, por la noche suele hacer fresco.	*After a really hot day, the evening is often* **Xcold.X** *After a really hot day, the evening is often* *cool.* (es decir, una cosa positiva)
Hace fresco esta mañana,	*¿no? It's a bit cool this morning, isn't it?* (es decir, una cosa negativa)
Esta sopa está muy caliente: voy a dejar que se enfríe un poco.	*This soup is too hot: I'm going to let it cool (down).*
En invierno, las noches son muy frías.	*In winter, the nights are really cold.*

TO COME

(1) Generalmente **to come** se utiliza para indicar movimiento con dirección hacia delante desde donde se encuentra el emisor o el receptor. **To go** se usa para indicar movimiento hacia otro lugar.

| *Es tarde, tengo que volver a casa.* | *It's late – I must* **XcomeX** *home.* *It's late – I must go home.* |
| *-John, ya está la cena.* *- Vale, voy.* | *"John, your dinner's ready."* *"O.K., I'm* **Xgoing."X** *"O.K., I'm coming."* |

Vengo al trabajo en autobús.	*I come to work by bus.* (ahora estás en el trabajo). *I go to work by bus.* (ahora estás en otro sitio.)

(2) Usamos **to come with** cuando una persona invita a otra a 'acompañarle' a un lugar.

Voy a una fiesta el próximo sábado.	*I'm going to a party on Saturday – would you*
¿Quieres venir (conmigo)?	*like to **XgoX** with me?* *I'm going to a party on Saturday – would you like to come with me?*

TO COME FROM

Para referirnos a la ciudad o al país donde alguien nació o creció podemos usar **to come from** o **to be from**. En la forma interrogativa **to come from** toma el verbo auxiliar normal **do** / **did**, pero no lo hace **to be from**.

¿De dónde eres?	*Where are you **XcomeX** from?* *Where **Xdo you areX** from?* *Where do you come from?* *Where are you from?*
Soy italiano.	*I am **XcomeX** from Italy.* *I am from Italy. (o: I come from Italy.)*

COMPLACENT

En inglés esta palabra significa una persona que está tan satisfecha de su situación, de sus capacidades, que no hace ningún esfuerzo para mejorar. Por lo tanto no corresponde al vocablo español 'complaciente', que se traduce por **obliging**, **hospitable**, **accommodating** etc.

El dueño de la casa rural era muy complaciente, haciendo todo lo que podía para contentar a los huéspedes.	*The owner of the farmhouse was very **XcomplacentX** and did everything he could to make his guests happy.* *The owner of the farmhouse was very hospitable / obliging and did everything he could to make his guests happy.*
No debemos estar satisfechos con nosotros mismos por los beneficios del ejercicio pasado porque estamos en un mercado muy competitivo.	*We can't afford to be complacent about last year's profits because we are in a very competitive market.*

COMPREHENSIVE

Comprehensive en inglés significa 'incluyéndolo todo'. Para describir a una persona que entiende los problemas de otra persona, una persona empática, usamos **understanding** o **sympathetic**.

Mi jefe se mostró muy comprensivo cuando le expliqué el problema.	*My boss was very **XcomprehensiveX** when I told him the problem.*
	My boss was very understanding (o: sympathetic) when I told him the problem.
Han hecho un nuevo estudio exhaustivo sobre el gorila.	*A new, comprehensive study of the gorilla has been done / produced.*

COMPROMISE

La traducción al inglés del sustantivo 'compromiso' a menudo causa problemas. El vocablo inglés **compromise** solamente se refiere a una solución negociada entre dos o más partes donde se ha llegado a un acuerdo. Sin embargo, otros significados de 'compromiso' no pueden traducirse con esta palabra, así dependiendo del contexto deberemos usar vocablos como **obligation**, **engagement**, **commitment**, **predicament**.

Veamos algunos ejemplos:

Lo siento, no puedo ir a la fiesta: tengo un compromiso familiar.	*Sorry, I can't come to the party: I have a family **XcompromiseX**.*
	Sorry, I can't come to the party: I have a family obligation / engagement.
La revista es muy conocida por su compromiso en defensa del medio ambiente.	*The magazine is well-known for its **XcompromiseX** to the environment.*
	The magazine is well-known for its commitment to the environment
Las declaraciones del ministro han puesto al gobierno en un compromiso.	*The minister's comments have put the government in a **XcompromiseX**.*
	The minister's comments have put the government in a predicament / difficult situation.
Tendremos que llegar a un acuerdo si queremos trabajar con aquella empresa.	*We will have to reach a compromise (o: an agreement) if we want to do business with that company.*

Fíjate que **compromise** es también un verbo:

Negociar es un proceso de tira y afloja: you tienes que ceder en algunos puntos para order alcanzar otros objetivos.	*Negotiation is a process of give and take: have to compromise on some points in to reach other objectives.*

TO CONCENTRATE

Debemos ir con cuidado cuando usamos el verbo **to concentrate** en inglés. Para empezar, no es reflexivo. Decimos que una persona **concentrates (hard)** pero no que he/she **is concentrated**. En este caso podemos usar el verbo **to focus**.

Tuve que concentrarme para seguir la conferencia.	I had to **Xconcentrate myselfX** to follow the lecture. I had to concentrate to follow the lecture.
Tienes que estar muy concentrado durante un examen.	You have to **Xbe very concentratedX** during an exam. You have to concentrate very hard during an exam.
Está muy concentrada en su trabajo.	She is very focused on her work / job.

CONDITIONALS ver **IF**

CONDUCTOR

En inglés **conductor** puede significar 'director de orquesta' o 'revisor de transporte público'. Para traducir 'conductor' usamos **dri**ver o **motorist**.

Hay demasiados conductores que no respetan las señales de tráfico.	Too many **XconductorsX** ignore traffic lights. Too many motorists / drivers ignore traffic lights.
Von Karajan era un director sensacional.	Von Karajan was a wonderful conductor.
En este autobús no cobra el conductor: pasará el cobrador.	You don't pay the driver on this bus: the conductor will come round (for the fares).

CONSTIPATED

En inglés **constipated** significa 'estreñido'; ¡no tiene nada que ver con los constipados! **Constiparse** se expresa por **to catch / to get a cold**.

Pasé mucho frío durante el partido y ahora me he constipado.	I was freezing during the match and now **XI'm constipatedX**. I was freezing during the match and now I've caught a cold / I've got a cold.
El médico le recetó unas pastillas porque estaba estreñido.	The doctor prescribed some tablets for him because he was constipated.

CONTAMINATED

Utilizamos **polluted / pollution** cuando hablamos de contaminación. **Contaminated** tiene un significado más específico, lo usamos cuando una comida o bebida ha sido infectada por un organismo.

Todas las playas estaban contaminadas.	The beaches were all **Xcontaminated.X**
	The beaches were all polluted.
No comas esa carne – está contaminada.	Don't eat that meat – it's contaminated.

CONTINUAL

Continual se usa para indicar una acción que se repite frecuentemente. **Continuous** indica una acción que no se ha acabado.

No aguanto todas estas continuas discusiones. arguments.	I can't stand all these **XcontinuousX** I can't stand all these continual arguments.
Había un movimiento continuo de tráfico.	There was a **XcontinualX** flow of traffic.
	There was a continuous flow of traffic.

TO CONTINUE ver **TO FOLLOW**

CONTRACTIONS

Las contracciones entre un sujeto y un verbo auxiliar (o con el verbo **to be**) o entre un verbo auxiliar y **not** son muy comunes. Por ejemplo, **I can't, I've got, she's not**, aunque existen excepciones.

(1) Algunas formas no se pueden usar en la forma afirmativa cuando no van seguidas de un verbo principal.

-¿Has estado en París?	Have you been to Paris?
-Sí, he estado.	"Yes, **XI've."X**
	"Yes, I have." ("Yes, I've been there.")
-¿Vienes a la fiesta el sábado que viene?	"Are you coming to the party next Saturday?"
-Sí, vengo.	"Yes, **XI'm."X**
	"Yes, I am". ("Yes, I'm coming.").

(2) Normalmente el verbo **to have** solo se contrae cuando es un auxiliar, no un verbo principal, excepto cuando se utiliza con **got**.

| Tengo un coche nuevo. | **XI'veX** a new car. |
| | I've got a new car. (I have a new car). |

COOK, COOKER, COOKING

(1) La palabra **cook** designa una persona que cocina, un cocinero.

| Mi madre cocina muy bien. | My mother is a wonderful **XcookerX**. |
| | My mother is a wonderful cook. |

(2) La palabra **cooker** designa una cocina. La cocina, donde se preparan comidas, se traduce por **kitchen**.

Acabamos de comprar una nueva cocina.	We've just bought a new **Xcook / kitchen.X** We've just bought a new cooker.
La cocina es más grande que el salón.	The kitchen is bigger than the living-room.

(3) **Cooking** se refiere a la actividad, al pasatiempo.

Mis hobbies son cocinar y leer.	My hobbies are **Xcook and readX**. My hobbies are cooking and reading.

(4) **Cookery book** se utiliza para indicar un libro de recetas de cocina.

¿Has visto este nuevo libro de cocina?	Have you seen this new **XcookingX** book? Have you seen this new cookery book?

TO COST

Cuando utilizamos el verbo **to cost** en forma interrogativa tenemos que hacerlo juntamente con el verbo auxiliar **do / does / did** o bien decimos **How much is/are..?**

¿Cuánto cuesta este jersey?	How much **XcostsX** this jumper? How much **Xthis jumper costsX**? How much does this jumper cost? (How much is this jumper?)
¿Cuánto te costó la entrada?	How much was **Xcost / costed / did costX** the ticket? How much did the ticket cost? (How much was the ticket?)

COULD

Could no se puede utilizar en pasado para indicar la habilidad o posibilidad de hacer algo. En estos casos la forma correcta es **was/were able to**, **managed to** o **succeeded in (doing)**. En cambio **could** sí se usa para algo que siempre se ha podido hacer.

Era una noche oscura, y 3 reclusos pudieron/lograron escapar.	It was a dark night, and 3 prisoners **XcouldX** escape. It was a dark night, and 3 prisoners were able to / managed to escape.
El examen era muy difícil, pero pude / logré aprobar.	The exam was very hard, but I **XcouldX** pass.

The exam was very hard, but I *was able to / managed to* pass.

A los 5 años ya sabía nadar. I *could* swim even when I was five.

TO CRY

To cry normalmente significa 'llorar', aunque a veces quiere decir 'gritar', como por ejemplo en inglés literario o en estilo indirecto. La traducción más común de 'gritar', sin embargo, es **to shout**.

¡No grites! Te oigo perfectamente. Don't **XcryX**! I can hear you perfectly well!
Don't *shout*! I can hear you perfectly well.

¡Es terrible! ¡Mis vecinos siempre gritan! It's terrible! My neighbours are always **XcryingX**!
It's terrible! My neighbours are always *shouting*!

-¡No me dejes sola! – gritó. "Don't leave me on my own!" she *cried*.

¿Qué te pasa? ¿Por qué lloras? What's the matter? Why are you *crying*?

CURIOUS

En inglés se usa esta palabra para describir a una persona que tiene intereses o inquietudes; para expresar 'curioso' o 'extraño' usamos **strange** o **unusual**.

Es un tipo curioso: nunca le comprenderé. He's a **XcuriousX** person: I'll never understand him.
He's a *strange* person: I'll never understand him.

Tiene mucha curiosidad: siempre quiere saber todo lo que pasa. He's very *curious*: he always want to know what's going on.

Cuando 'curioso' se utiliza en sentido positivo, en inglés se expresa con los vocablos **interesting** o **original** pero no con **curious**.

Es un libro curioso, seguro que te gustará. It's a **XcuriousX** book, I'm sure you'll like it.
It's an *interesting / original* book, I'm sure you'll like it.

CURRENTLY ver ACTUAL

TO DAMAGE

To damage se utiliza para cosas; para personas usamos **to hurt** o **to injure**. **To wound** significa herir con una pistola o una arma blanca y nunca es un accidente.

Se cayó y se hizo daño en el brazo.

He fell over and **XdamagedX** his arm.
He fell over and *injured / hurt* his arm.

3 personas resultaron heridas en el accidente.

3 people were **XdamagedX** in the accident.
3 people were *injured / hurt* in the accident.

El soldado fue herido por una bala.

The soldier was **XhurtX/XdamagedX** by a bullet.
The soldier was *wounded* by a bullet.

Centenares de edificios sufrieron daños en el terremoto.

Hundreds of buildings were *damaged* in the earthquake.

DATE ver **APPOINTMENT**

DEAD

Dead es un adjetivo. **To die** (pasado, **died**) es un verbo. **Death** es un sustantivo.

Murió en un accidente de coche.

He **Xwas died / deadX** in a car accident.
He *died* (o: he *was killed*) in a car accident.

Los medicos intentaron salvarle, pero ya estaba / había muerto.

The doctors tried to save him but he was already **Xdied.X**
The doctors tried to save him but he was already *dead*. (o: *had already died*.)

¿Tienes miedo a morir / a la muerte?

Are you afraid of **XdieX**?
Are you afraid of *death / dying*?

DEATH ver **DEAD**

TO DECEIVE

La traducción de este verbo es 'engañar'. Se confunde con **to disappoint**, que significa 'decepcionar'.

Me decepcionó mucho la película.

I was very **XdeceivedX** with the film.
I was very *disappointed* with the film.

Me engañó: me robó todo el dinero.	He **XdisappointedX** me: he stole all my money.
	He deceived me: he stole all my money.

DEFINITE(LY)

Definite(ly) significa 'indudablemente', 'claro'. No se debe confundir con **definitive(ly)**.

-¿Irás a la fiesta de Clara?	"Are you going to Clara's party?"
- Sí, sin ninguna duda.	"Yes, **Xdefinitively.X**
	"Yes, definitely."
Se quedó a vivir definitivamente en París.	She settled **XdefinitelyX** in Paris.
	She settled definitively
	(o permanently) in Paris.

TO DENY

To deny y **to refuse** son dos verbos que frecuentemente se confunden. Básicamente, **to deny** significa 'negar' y **to refuse**, 'negarse a hacer' o 'rechazar'. **To deny** se refiere a una situación que se sitúa en el presente o en el pasado y no va seguido de infinitivo sino de un participio, en presente o presente perfecto. **To refuse** va seguido de un sustantivo o de un infinitivo y se refiere a una situación o una acción situada en el futuro (en el momento en que se está hablando).

Se negó a ayudarme.	She **XdeniedX** to help me.
	She refused to help me.
Rechazó la oferta de la empresa.	He **XdeniedX** the company's offer.
	He refused the company's offer.
Negó haber robado las joyas.	He **XrefusedX** stealing the jewels.
	He denied stealing / denied having stolen / denied that he had stolen the jewels.
Negaron ser espías.	They **XrefusedX** that they were spies.
	They denied being spies / denied that they were spies.

TO DEPEND

To depend va seguido de la preposición **on** y no **of**.

-¿Adónde vas de vacaciones?	"Where are you going for your holidays?"
-No sé, depende del dinero.	"I don't know, it depends **XofX** the money".
	"I don't know, it depends on the money".

DESPITE ver también **IN SPITE OF**

Despite quiere decir lo mismo que **in spite of** pero hemos de fijarnos que con **despite** no usamos la preposición **of**.

| A pesar del mal tiempo, disfrutamos de las vacaciones. | **XDespite ofX** the bad weather, we enjoyed the holiday. |
| | Despite the bad weather, we enjoyed the holiday. |

TO DIE ver **DEAD**

DIRECTION

Recuerda que el vocablo inglés **direction** solo es la traducción del español 'dirección' en el sentido de camino, rumbo, norte / sur / este / oeste, etc. pero no si se refiere al domicilio de una persona (esto sería **address**) ni a la dirección de una empresa etc., que sería **management**.

Siguiendo las direcciones del gerente del hotel encontramos el restaurante sin restaurant problemas.	We followed the directions the hotel manager had given us and found the without any difficulty.
Así que, ¿os habéis mudado? Tendrás que darme tu nueva dirección.	So, you've moved house? You'll have to give me your new **XdirectionX**.
	So you've moved house? You'll have to give me your new address.
El sindicato quiere fomentar una mayor cooperación entre los empleados y la dirección.	The union wants to encourage greater cooperation between workers and **Xthe directionX**.
	The union wants to encourage greater cooperation between workers and management.

DIRECTOR

El significado más común de **director** en inglés es 'miembro de un consejo de dirección de una empresa'. En la mayoría de casos cuando en español usamos 'director', en inglés se usa una palabra diferente.

Es el director de un conocido/a colegio / periódico / orquesta	He's the **XdirectorX** of a well-known school / newspaper / orchestra.
	He's the headmaster / editor / conductor of a well-known school / newspaper / orchestra.
Ascendió puestos en la empresa hasta llegar a ser uno de los directivos	He worked his way up the company until he became one of the directors.

TO DISAPPOINT ver **TO DECEIVE**

TO DISCUSS

Este verbo significa 'hablar sobre un tema', 'tratar un tema'. Cuando dos o más personas no están de acuerdo en algo o discuten en inglés usamos **to argue** o **to have an argument**.

¡Es terrible! ¡Mis vecinos siempre están discutiendo!	It's terrible! My neighbours are always **XdiscussingX**! It's terrible! My neighbours are always arguing!
Ayer tuve una fuerte discusión con mi padre.	I had a big **XdiscussionX** with my father yesterday. I had a big argument with my father yesterday.
Hablamos de la situación y llegamos a la misma conclusión.	We discussed the situation and reached the same conclusion.
Al salir del teatro tuvimos una charla muy interesante sobre la obra.	After leaving the theatre, we had a very interesting discussion about the play.

DISGUSTED / DISGUSTING

(1) Estos adjetivos tienen un significado más contundente en inglés que el vocablo español 'disgustado': significan 'asqueado'/'asqueroso' u 'horrorizado'/'horroroso'.

Estaba disgustado porque empezó a llover.	He was **XdisgustedX** because it started raining. He was annoyed because it started raining.
Le horrorizó la violencia empleada por la policía durante la manifestación.	He was disgusted by the violence used by the police during the demonstration.
Para mi fue decepcionante la película.	I think the film was **XdisgustingX**. I think the film was disappointing.

(2) Ver **ADJECTIVES** (4).

TO DO ver también **TO MAKE**

Es muy difícil distinguir entre **to do** y **to make**.

(1) **Do** se utiliza cuando va acompañado de la palabra **work**.

Tengo mucho trabajo (que hacer).	I have a lot of work **Xto makeX**. I have a lot of work to do.
¿Has hecho los deberes?	Have you **XmadeX** the homework? Have you done the homework?
Odio el trabajo de la casa.	I hate **XmakingX** housework. I hate doing housework.

(2) **Do** se usa normalmente cuando no se especifica una actividad.

¡Haz algo!	**XMakeX** something! Do something!
¿Qué hiciste durante las vacaciones?	What did you **XmakeX** in the holidays? What did you do in the holidays?

(3) Make se usa normalmente para expresar 'crear' o 'construir'.

Acabo de hacer un pastel.	I have just **XdoneX** a cake.
	I have just made a cake.
Estoy haciendo un marco para la foto.	I'm **XdoingX** a frame for the photo.
	I'm making a frame for the photo.

(4) En otros casos, no existe una regla clara.

Tratar / negociar con	**To do** business with
Hacer algo lo mejor posible	**To do** one's best
Hacer un favor a alguien	**To do** someone a favour
Hacer el bien	**To do** good

Pero:

Hacer un esfuerzo	To make an effort

TO DO (pregunta)

La pregunta **What do you do?** se refiere a la profesión de una persona. Para preguntar por las actividades que lleva a cabo una persona en el momento de hacer la pregunta decimos: **What are you doing?**

-¿Qué estás haciendo?	What **Xdo you doX**?
-Estoy escuchando la radio.	"I'm listening to the radio."
	"What are you doing?"
	"I'm listening to the radio."
-¿A qué te dedicas?	"What do you do?"
-Soy arquitecto.	"I'm an architect".

TO DREAM

(1) Este verbo va acompañado de la preposición **about** o **of**, y no de **with**. **To dream** tiene dos formas de pasado: **dreamed** y **dreamt**.

Anoche soñé contigo.	I dreamed / dreamt **Xwith youX** last night.
	I dreamed / dreamt about/of you last night.

(2) Cuando **dream** significa 'imaginar' va acompañado de la preposición **of**.

Jamás imaginé estar en una illa tan bella.	I never dreamt **XwithX** being on such a beautiful island.
	I never dreamt of being on such a beautiful island.

TO DRESS

Este verbo se confunde muchas veces con **to wear** y con **to put on**. No podemos decir **to dress clothes**, en su lugar decimos **to be dressed** in... o **to wear clothes**. Podemos utilizarlo para decir que vestimos a otra persona: **to dress another person**, normalmente a un niño o a una persona mayor. En cambio no podemos decir **to dress yourself** para indicar 'vestirse' sino **to dress** o más a menudo **to get dressed**. **To put on clothes** también significa 'vestirse'.

Llevaba una blusa roja.	She **XdressedX** *a red blouse.* She was *dressed in / was wearing a* *red blouse.*
Viste muy elegantemente.	He **XwearsX** *very smartly.* He *dresses very smartly.*
Voy a vestir al niño.	*I'm going to* dress *the baby.*
¿Cuánto tardas en vestirte?	*How long do you take to* get dressed?
Siempre se pone el pantalón antes *que la camisa.*	He always **XwearsX** *his trousers before* *his shirt.* He always *puts on his trousers before* *his shirt.*

TO DRIVE

Hemos de tener presente que el verbo **to drive** se usa para referirse a conducir un coche, un autobús o un autocar pero no para una moto ni una bicicleta. En este caso debemos usar el verbo **to ride.**

No es lo mismo conducir una moto solo *que con un pasajero.*	**XDrivingX** *a motor-bike alone or* *with a passenger are two very different* *things.* Riding *a motor-bike alone or with a* *passenger are two very different things.*

DRIVER ver **CONDUCTOR**

DURING

During no indica la duración de una acción, sino que se refiere al período de tiempo en que la acción tiene lugar.

Estudió durante 3 horas.	*He studied* **XduringX** *3 hours.* *He studied* for *3 hours.*
Mi hermano estuvo ingresado *durante 2 semanas.*	*My brother was in hospital* **XduringX** *2* *weeks.* *My brother was in hospital* for *2 weeks.*
Durante el verano, a veces vamos *a navegar.*	During *the summer, we* sometimes *go* *sailing.*
Compró su nuevo coche durante las *vacaciones de Navidad.*	*He bought his new car* during *the* *Christmas holidays.*

E

EACH ver también EVERY

En muchos casos **each** tiene un significado similar a **every**. Sin embargo, **each** no puede ser usado después de palabras como **almost**, **nearly**, **practically** o en expresiones como **every three days**, **every six months**.

La veo casi todos los días.	*I see her almost **XeachX** day.* *I see her almost every day.*
Casi todas las casas de esta manzana tienen calefacción central.	*Nearly **XeachX** house in this block has central heating.* *Nearly every house in this block has central heating.*
El Mundial de fútbol se celebra cada 4 años.	*The World Cup is held **XeachX** 4 years.* *The World Cup is held every 4 years.*

EARLY

Early significa 'temprano' o 'antes del tiempo previsto'. **Soon**, en cambio, significa 'pronto', 'dentro de poco' y se refiere a una acción futura (en el momento en que se está hablando).

Pronto llegaremos: sólo faltan unos 15 kilómetros.	*Only another 10 miles: we'll be there **Xearly.X*** *Only another 10 miles: we'll be there soon.*
El tren llegó con 10 minutos de antelación.	*The train arrived 10 minutes **Xsoon.X*** *The train arrived 10 minutes early.*
Me gusta levantarme temprano.	*I like to get up **Xsoon.X*** *I like to get up early.*

TO EARN ver TO WIN

ECONOMIC(AL)

Economic se refiere a la situación económica. **Economical** significa que algo es barato o te ahorra dinero.

La situación económica va de mal en peor.	*The **XeconomicalX** situation is going from bad to worse.* *The economic situation is going from bad to worse.*
Nuestro nuevo coche resulta muy económico.	*Our new car is very economical.*

EDITOR / EDITORIAL ver también **DIRECTOR**

En inglés la palabra **editor** se refiere a un profesional que edita textos, igual que en español, pero también significa el director de un diario. **Editorial**, igual que en español, es la sección de un periódico donde el director expresa sus opiniones sobre algún tema, pero también es un adjetivo que se refiere al trabajo de un **editor**, por ejemplo, **editorial decisions**. Para traducir el vocablo español 'editor' refiriéndose a una persona que publica libros, sin embargo, diríamos **publisher** y 'una editorial' sería también **publisher** o **publishing house**.

Es un editor excelente: sabe perfectamente lo que hay que cortar y lo que hay que añadir.	He's an excellent editor: he knows exactly what to cut and what to add.
El diario tiene un nuevo director.	The newspaper has a new editor.
Mi editor me ha dicho que mi nuevo libro no se publicará hasta abril o mayo.	My XeditorX has told me that my new book won't be published till April or May. My publisher has told me that my new book won't be published till April or May.
Hay un editorial muy polémico en la edición dominical del periódico.	There's a really contentious editorial in the Sunday edition of the paper.
La editorial se fundó en 1925.	The XeditorialX was founded in 1925. The publishing house / publisher was founded in 1925.

(WELL) EDUCATED, EDUCATION

Es importante no confundir **educated** con **polite**. **Educated** o **well-educated** y asimismo el nombre **education** se refieren a la enseñanza realizada en cualquier centro educativo.

Polite es la traducción del adjetivo 'educado' y se refiere a una persona con educación, con buenos modales que sabe cómo comportarse, normalmente porque lo ha aprendido de sus padres. En este sentido, decimos que los padres **bring up their children well** o **properly**, y no **educate their children.**

Aquel chico es muy educado.	That boy is very Xeducated / well-educatedX. That boy is very polite / well-mannered.
Fue educado en los mejores colegios.	He was educated in the best schools. (o: He had / received an excellent education.)
Fue muy bien educado por sus padres.	He was Xwell-educatedX by his parents.

He was *well-brought up* by his parents.

EITHER ver **NEITHER / NOR** y **OR**

EMBARRASSED

(1) Se confunde con **embarrassing** de la misma manera que **bored / boring** - ver **ADJETIVOS (4).**

Era una situación embarazosa.	*It was a very **XembarrassedX** situation.*
It was a very embarrassing situation.	

(2) Una mujer embarazada no está **embarrassed** sino **pregnant**. Utilizamos **embarrassed** cuando queremos decir 'avergonzado', cuando nos sentimos violentos en una situación.

Mi hermana está embarazada por segunda vez.	*My sister is **XembarrassedX** for the second time.*
	My sister is pregnant for the second time.
Fue muy violento, no pude acordarme de su nombre.	*I felt so embarrassed when I couldn't remember his name.*

END, AT / IN THE

In the end es sinónimo de **finally**, cuando algo sucede después de un cierto tiempo. **At the end** siempre va seguido de **of** y puede ser usado para referirse al tiempo (**at the end of the film**) o a la distancia (**at the end of the street**).

Al final de la clase fuimos a tomar algo.	*XInX the end of the class, we went for a drink.*
	At the end of the class, we went for a drink.
Se presentó al examen 4 veces y finalmente logró aprobar.	*He took the exam 4 times and, XatX the end, managed to pass.*
	He took the exam 4 times and, in the end, managed to pass.

TO ENJOY

(1) **To enjoy** no puede ir seguido de un infinitivo, sino de un gerundio (**-ing**).

Le gusta leer.	*He enjoys XreadX Xto readX.*
	He enjoys reading.

(2) Tiene que ir acompañado de un complemento.

-¿Pasaste unas buenas vacaciones?	*"Did you have a nice holiday?*

-Sí me divertí mucho.	"Yes, I **Xenjoyed a lotX**". "Yes, I enjoyed _it_ a lot".

(3) El pasado (**enjoyed**) no se puede usar como un adjetivo, la forma adjetival es **enjoyable**.

Era una película muy divertida.	It was a very **XenjoyedX** film. It was a very enjoyable film.

(4) Una persona puede **enjoy a thing** pero no al revés.

Me gustó mucho la obra.	The play **Xenjoyed meX** very much. I enjoyed the play very much.

ENJOYABLE ver **TO ENJOY (3)**
ENOUGH

Enough normalmente va delante de un sustantivo y después de un adjetivo o un adverbio.

No tiene la edad para ir al colegio.	She isn't **Xenough oldX** to go to school. She isn't old enough to go to school.
No tenemos suficiente dinero para comprar un coche nuevo.	We haven't (got) **Xmoney enoughX** to buy a new car. We haven't (got) enough money to buy a new car.

ENTREPRENEUR ver **IMPRESARIO**

ESPECIALLY ver **SPECIALLY**

EVEN THOUGH ver **ALTHOUGH** y **THOUGH**

EVENTUAL, EVENTUALLY

El adjetivo **eventual** es muy similar en significado a **final**. En cuanto al adverbio **eventually** tiene el mismo significado que **finally** o **in the end**. Para traducir el vocablo español 'eventual' decimos **temporary** o **for the moment**.

Tiene un trabajo eventual.	He has an **XeventualX** job. He has a temporary job.
Tardó 10 horas pero, por fin, llegó a Londres.	It took him 10 hours, but eventually he got to London.
Trabaja eventualmente en una fábrica.	He is working in a factory **Xeventually.X** He is working in a factory for the moment / temporarily.

Eventualmente se produce un eclipse del sol.	**X**_Eventually_**X** there is an eclipse of the sun.
	Occasionally there is an eclipse of the sun.

EVER ver también **NEVER**

Ever significa **at any time** (en algún momento). Muchas veces se confunde con **never**, que es sinónimo de **at no time** (en ningún momento) (ver **NEVER**), y también con **always**, que significa **at all times** o **all the time** (siempre). (Atención a las formas **fore**ver y ever **since**).

Siempre me acuesto temprano.	I **X**_ever_**X** go to bed early.
	I _always_ go to bed early.
Si alguna vez necesitas ayuda sólo tienes que llamarme.	If you _e_ver need any help, just ring me.
Siempre te amaré.	I will love you _fore_ver / for ever.
	(o: I will _always_ love you.)
Está deprimido desde que su madre murió.	He has been depressed ever _since_ his mother died.

EVERY ver también **EACH**

(1) Sobre la diferencia entre **every** and **all**, ver **ALL**.

(2) **Every** es similar a **each**, pero **every** pone personas o cosas en un grupo y **each** los separa.

Todos los jugadores hicieron una gran labor.	_Every player_ worked hard.
	(o: _All the players_ worked hard).
Uno a uno, todos los jugadores fueron presentados a la reina.	**X**_Every player_**X** was introduced to the Queen in turn.
	Each player was introduced to the Queen in turn.

(3) **Every** no se refiere a solo dos personas o cosas.

Cada gemelo tiene su propia personalidad.	**X**_Every_**X** of the twins has his own personality.
	Each of the twins has his own personality.

(4) No se puede decir 'every people', ya que **people** es un sustantivo plural. Por lo tanto se dice **every person** (singular), **all the people** si es un grupo concreto de personas (ver también **PEOPLE**) o más a menudo **everyone / everybody**.

Todo el mundo estaba contento	**X**_Every people_**X** was happy.
	Everyone / everybody was happy.

EVERYTHING ver **ALL (1)**

EVERY TIME (ver también **MORE (3)**)

Every time significa **on every occasion** ('cada vez que', 'siempre que'), e indica que algo pasa siempre cuando se dan unas circunstancias específicas. No se usa para describir una situación que se acentúa en intensidad, que se hace cada vez más grande o fuerte. Por lo tanto no es la traducción de 'cada vez más', la cual se traduce como **more and more**, normalmente seguido de un adjetivo o un adverbio.

Ir al cine se está poniendo cada vez más caro.	Going to the cinema is becoming / getting X**every time more expensive**X. Going to the cinema is becoming / getting *more and more* expensive. (o: It's becoming / getting *more and more* expensive to go to the cinema.)
Cada vez que nos reunimos nos lo pasamos bomba.	*Every time* we get together, we have a really good time.

EXCURSION

En ingles la palabra **excursion** se refiere a una salida de un día en autocar, por ejemplo para ir a visitar un sitio de interés. No se puede usar **excursion** para referirse a un largo paseo por la montaña sinó a **hike** o, si usamos un verbo, **to go hiking** o **to go walking**.

Hicimos excursiones en el Pirineo. Pyrenees.	X**We did /made excursions**X in the *We went hiking / walking* in the Pyrenees.
Organizaron una excursión al Lake District; el precio incluía el almuerzo en un restaurante de la zona.	They organised *an excursion / an outing / a day trip* to the Lake District. The price included lunch in a local restaurant.

TO EXCUSE

En el inglés británico decimos **excuse me** <u>antes</u> y no después de hacer algo que pueda molestar a otra u otras personas, por ejemplo si queremos que nos dejen pasar en la fila de asientos del cine o si tenemos que interrumpir una conversación.

Usamos **sorry** cuando nos queremos disculpar después de haber hecho algo que haya podido molestar a otra persona, también para pedir que nos repitan algo que no habíamos oído o entendido la primera vez. (Sin embargo, en el inglés americano muchas veces se dice **excuse me** en vez de **sorry** en estos casos.)

-No se puede fumar en esta zona.	"This is a non-smoking area."

-Ay, perdón, no lo sabía.	"Oh, **Xexcuse meX**, I didn't know."
	"Oh sorry, I didn't know."
-Perdone, no le entiendo.	"Excuse me, I don't understand you."
	(American English)
	"Sorry, I don't understand you."
	(British English)
¿Me dejaría pasar, por favor?	Excuse me, could I get past, please?

TO EXPECT ver también TO HOPE y TO WAIT

Este verbo se confunde muchas veces con **to hope** y con **to wait**. Veamos las tres diferencias básicas:

(1) **To expect** se usa cuando estamos seguros que algo ocurrirá o cuando lo esperado es lógico y muy probable.

Está esperando un niño.	She is **Xwaiting (for)X** a baby.
	She is expecting a baby.
Seguro que hará calor en Kenia.	**XI hopeX** it will be hot in Kenya.
	I expect it will be hot in Kenya.
Uno de estos días tiene que llegar una felicitación de mis padres.	I am **XhopingX** a birthday card from my parents soon.
	I am expecting a birthday card from my parents soon.

(2) **To hope** expresa un deseo.

Espero recibir una respuesta pronto.	I am hoping for a reply soon. (pero no estoy seguro de ello.)
Espero que no haga (demasiado) frío este invierno.	I **XexpectX** it won't be (too) cold this winter.
	I hope it won't be (too) cold this winter. (pero seguramente hará frío).
Espero que te mejores pronto.	I **XexpectX** you get better soon.
	I hope you get better soon.

(3) **To wait (for)** se usa con la idea de tiempo transcurrido, a menudo cuando hablamos de alguien que llega tarde o temprano.

¡Te esperé durante 25 minutos!	**XI expectedX XI was expectingX** you for 25 minutes!
	I waited for you for 25 minutes!
	(o: I was waiting for you for 25 minutes!)

TO EXPLAIN

(1) Este verbo no puede ir inmediatamente seguido de un complemento directo o un pronombre objeto.

| ¿Puedes explicarme el problema? | Can you **Xexplain meX** the problema? |
| | Can you *explain* the problem *(to me)*? |

(2) La palabra 'explicate' no existe en inglés!

| *Ya te lo explicaré todo (sobre el problema) cuando vuelva.* | I will **XexplicateX** you everything (about the problem) when I get back. |
| | I will *explain* everything (about the problem) when I get back. |

(3) Podemos usar **explain** para explicar un problema o una situación o por qué hicimos algo, pero no podemos utilizarlo para contar un cuento, para explicar unas vacaciones, un examen etc.

¡Explícame que hiciste en Grecia durante las vacaciones!	**XExplainX** me all about your holiday in Greece!
	Tell me all about your holiday in Greece!
Dínos/explícanos como te fue el examen.	**XExplainX** us how you got on in the exam.
	Tell us how you got on in the exam.
¿Puedes volver a explicar la diferencia entre 'lie' y 'lay', por favor?	Can you *explain* again the difference between 'lie' and 'lay', please?

F

FAMILIAR

Familiar en inglés no se refiere a la familia sino indica que conocemos a una persona o una cosa muy bien o la hemos visto muchas veces.

El día de Navidad siempre celebramos un almuerzo familiar.	On Christmas Day, we always have a **XfamiliarX** lunch. On Christmas Day, we always have a *family* lunch.
Ya conozco muy bien Roma porque he estado muchas veces.	I've been to Rome so many times it's *familiar* to me now.

FAMOUS ver KNOWN

FAR

(1) **Far** va seguido por **from**, no **of**, cuando el lugar en cuestión se menciona.

No vive lejos de Londres.	He doesn't live far **XofX** London. He doesn't live far *from* London.
Te enseñaré cómo ir; no está lejos.	I'll show you the way - it's not *far*.

(2) Normalmente no se usa en frases afirmativas; en estos casos es preferible decir **a long way**.

Newcastle está lejos de Dover.	Newcastle is **Xfar fromX** Dover. Newcastle is a *long way from* Dover.

FATAL

Este es otro 'falso amigo': en inglés **fatal** indica una situación muy grave, algo que incluso podría causar la muerte; por lo tanto, es mucho más fuerte que el adjetivo/adverbio español 'fatal', que simplemente indica una mala situación o algo que se ha hecho mal.

-¿Qué tal la película? -¡Fatal, marchamos antes del final!	"How was the movie?" / "What was the film like?" "*Terrible / awful*. We left before the end!"
Anoche hubo dos accidentes muy graves en la carretera, uno de ellos mortal.	There were two serious crashes on the road last night, one of them *fatal*.

FATHERS

Fathers significa dos hombres con hijos: ¡de padre solamente tenemos uno! Para decir 'padres', o sea 'padre y madre', utilizamos **parents**.

Pediré permiso a mis padres.

I'll ask **Xmy fathersX** for permission.
I'll ask my parents for permission.

Sus padres (el de John y el de Peter) trabajan juntos.

Their fathers (John's and Peter's) work together.

FAULT

(1) **Fault** tiene dos significados:

(a) en una persona, un fallo, algo que no nos gusta de ella.

La tozudez es uno de mis mayores defectos.

Stubbornness is one of my biggest faults.

(b) cuando echamos la culpa de algo a alguien.

¡Vamos a llegar tarde y es culpa tuya!

We're going to be late, and it's all your fault!

(2) **Fault** no es la traducción de 'falta' en el contexto de deberes escolares, por ejemplo; en este caso usamos **mistake**.

En mi redacción hay muchas faltas.

There are a lot of **XfaultsX** in my composition.
There are a lot of mistakes in my composition.

FEW, A FEW ver también **LITTLE / A LITTLE**

Few quiere decir 'pocos', 'no muchos' – o sea, tiene una connotación negativa. Acompaña solamente sustantivos en plural (también puede ser un pronombre).

A few, en cambio, tiene una connotación más positiva: quiere decir 'algunos/as', 'unos /as cuantos/as'.

Tengo muy poco dinero.

I have very **XfewX** money.
I have very little money.

Es una persona desagradable, por eso tiene pocos amigos.

He is a very unpleasant person, so he has **Xa fewX** friends.
He is a very unpleasant person, so he has few friends.
(o: so he hasn't many friends).

Vi a algunas personas esperando delante del cine.

I saw **XfewX** people waiting outside the cinema.
I saw a few people (o: some people) waiting outside the cinema.

TO FIND

(1) Usamos **to find** para encontrar a alguien o algo que se ha perdido. Pero cuando nos encontramos con una persona usamos **to meet**.

El otro día encontré a un viejo amigo.	I **XfoundX** an old friend the other day.
	I met an old friend the other day.
Te recogeré en el aeropuerto.	I'll **XfindX** you at the airport.
	I'll meet you at the airport.
¡Encontró a su hijo hablando con la chica de la caja!	She found her son talking to the girl at the checkout!

(2) **to find** + sustantivo/gerundio (p.ej. una actividad o situación) + adjetivo (**interesting, strange, difficult** etc.) es una manera muy común de expresar las opiniones o la experiencia de una actividad:

Encuentro difícil (o: me cuesta) disculparme.	I find apologising difficult.

Sin embargo, muchas veces expresamos la misma idea poniendo el adjetivo (en este caso, **difficult**) inmediatamente después del verbo principal (**I find**), seguido del segundo verbo (o sea, la actividad en cuestión) <u>en infinitivo</u> (**to apologise**). Cuando lo expresamos así, hay que insertar **it** entre el verbo principal y el adjetivo.

	XI find difficultX to apologise.
	I find <u>it</u> difficult to apologise.
Encuentro extraño que se hayan casado tan jóvenes.	**XI find strangeX** that they've got married so young.
	I find <u>it</u> strange that they've got married so young.

TO FIT

Utilizamos **to fit** para referirnos a si la talla de una prenda de ropa es la correcta. Para referirnos a si la ropa nos sienta bien o es de un color bonito usamos **to suit**.

-¿Me queda bien este vestido?	"Do you think this dress **XfitsX** me?"
	"Do you think this dress suits me?"
-Sí, te sienta muy bien.	"Yes, it looks lovely on you."
El otro jersey te quedaba pequeño, pero éste te va bien / es tu talla.	The other pullover was too small, but this one **XsuitsX** you.
	The other pullover was too small, but this one fits you. (o: this one is your size.)

FLOOR

(1) **Floor** se usa solamente para interior; para exterior utilizamos **ground**.

Se le cayó la cartera al suelo delante del cine.	He dropped his wallet on the **XfloorX** outside the cinema. He dropped his wallet on the ground outside the cinema.
El suelo estaba cubierto de una preciosa moqueta blanca.	The *floor* was covered by a beautiful white carpet.

(2) **Floor** en el sentido de 'planta' va precedido de la preposición **on**.

Vive en el sexto piso.	He lives **XinX** the sixth floor. He lives on the sixth floor.

TO FOLLOW

Cuando seguimos a alguien, una dirección o un curso usamos el verbo **to follow**. Cuando existe una acción (seguir haciendo) usamos **to continue doing** o **to go on doing**.

Siguieron jugando a pesar de la lluvia.	They **XfollowedX** playing in spite of the rain. They went on / continued playing in spite of the rain.
Sigo el curso de alemán por la tele.	I'm *following* the German course on TV.
No te puedes perder: simplemente sigue las indicaciones.	You can't get lost – just *follow* the signs.

FOOTING

No existe esta palabra en inglés. Ver **TO RUN**.

FOR ver también **DURING** y **SINCE**

(1) **For** se usa para decir cuánto dura una acción. Se confunde con **during** y con **since** cuando utilizamos el presente perfecto.

Estudió durante cinco horas.	He studied *for* five hours.

(2) Para expresar 'propósito' podemos usar **for** con un nombre pero no con un verbo (ni en infinitivo ni en la forma -ing).

Paró para tomar algo.	He stopped **XforX** have a drink / **Xfor toX** have a drink. He stopped to have a drink. (o: He stopped *for* a drink.)
Voy a clase para aprender inglés.	I go to class **Xfor learningX** English. I go to class to learn English.

(3) **For** puede usarse con la forma **-ing** del verbo para expresar el propósito de un objeto, o sea para qué se utiliza.

Ese instrumento sirve para medir la presión atmosférica.	*That instrument is used **for measuring** atmospheric pressure.*

(4) En oraciones pasivas la preposición que acompaña al agente es **by**, no **for**.

Kennedy fue asesinado por Lee Harvey Oswald en 1963.	*Kennedy was assassinated **XforX** Lee Harvey Oswald in 1963.* *Kennedy was assassinated **by** Lee Harvey Oswald in 1963.*

FOREIGN, FOREIGNER ver **STRANGE, STRANGER**

Tanto **foreign** como **foreigner** significan 'extranjero' pero **foreign** es un adjetivo y **foreigner** es un sustantivo.

El Ministerio de Asuntos Exteriores.	*The Ministry of **XForeignerX** Affairs.* *The Ministry of Foreign Affairs.*
Es extranjero, pero vive aquí.	*He's a **XforeignX**, but he lives here.* *He's a foreigner, but he lives here.*

TO FORGET

No utilizamos **to forget** si nombramos el sitio donde hemos olvidado algo; en este caso usamos **to leave**.

Olvidó sus llaves en el despacho.	*He **XforgotX** his keys at the office.* *He left his keys at the office.*
He olvidado (traer) mi tarjeta VISA.	*I've forgotten (to bring) my VISA card.*

(IN) FRONT (OF)

(1) **In front of** es el contrario de **behind.** No utilizamos **in front of** asociado a edificios, a gente o a cosas que se encuentran en el otro lado de la calle o de una habitación.

Quedamos delante del cine a las 8, ¿vale?	*I'll meet you **Xin front ofX** the cinema at 8:00, o.k.?* *I'll meet you outside the cinema at 8:00, o.k.?*
Hay un bar justo enfrente de mi casa.	*There is a bar just **Xin front ofX** my house.* *There is a bar just opposite my house.*
Solo había 3 personas delante de mí en la cola.	*There were only 3 people in front of me in the queue.*

(2) Utilizamos **at the front of** (or **back of**) para referirnos a un cine, teatro o autobús, tren, etc. y **in the front of** (or **back of**) si nos referimos a un coche.

No me gusta sentarme en la parte delantera de un autocar porque me pongo nervioso.

I don't like sitting **XinX** the front of a coach; it makes me nervous.
I don't like sitting *at* the front of a coach; it makes me nervous.

Prefiero sentarme en las últimas filas del cine para no estar demasiado cerca de la pantalla.

I prefer to sit **XinX** the back of the cinema so the screen isn't too close.
I prefer to sit *at* the *back of* the cinema so the screen isn't too close.
(o: I prefer to sit *in the back rows* of the cinema…)

Subieron los tres al coche: uno delante y dos detrás.

The three of them got into the car, one *in* the front and two *in* the back.

FUN, FUNNY (ver también **AMUSING**)

Funny quiere decir 'gracioso', 'chistoso', algo que hace reír, pero también significa algo extraño o diferente (ver **RARE**). No se puede traducir como 'divertido' cuando hablamos de una situación que no es cómica; en su lugar utilizamos **entertaining** o **enjoyable** o bien decimos que algo **is / was (great) fun** (y no **'very fun'**, ya que **very** solo puede ir acompañado de un adjetivo).

La fiesta fue muy divertida.

The party was very **XfunnyX**.
The party was very *enjoyable*.
(I really *enjoyed* the party.)
The party was **Xvery funX**.
The party was *great fun.*

La película de los hermanos Marx era muy divertida. (me hizo reír mucho)

The Marx Brothers film was very *funny*.

TO GET ver **TO INVITE**

TO GET DOWN, TO GET ON / OFF, TO GET UP ver
TRANSPORT

TO GO ver **TO COME**

TO GO ON ver **TO FOLLOW**

GOODBYE ver **BYE**

TO GO OUT

(1) Usamos **to go out** para decir que vamos al cine, al teatro, a un bar, etc. Pero si el fin de semana vamos a visitar otra ciudad usamos **to go away**.

Ha salido fuera el fin de semana.

*He has gone **XoutX** for the weekend.*
He has gone away for the weekend.

(2) Para traducir 'salir' normalmente usamos el verbo **to go out** cuando no mencionamos el lugar; cuando sí lo mencionamos usamos **to leave**.

Salió de su despacho a las 5.

*He **Xwent out from / went out ofX** his office at 5 p.m.*
He left his office at 5 p.m.

Se puso la chaqueta y salió / se marchó.

He put his jacket on and went out.

TO GO TO ver **TO ASSIST**

GROUND ver **FLOOR**

TO GROW

El verbo **to grow** es transitivo (p. ej. **to grow flowers**) y también intransitivo, cuando significa 'aumentar de talla'. **To grow up** solamente se usa en el sentido de niños que crecen desde la infancia hasta la madurez.

Este año cultivamos todo tipo de legumbres en el jardín.

This year, we're growing all sorts of vegetables in the garden.

Mi hijo ha crecido 7cm en 6 meses.

*My son has **Xgrown upX** 3 inches in 6 months.*
My son has grown 3 inches in 6 months.

Esas plantas han crecido muy rápido.	Those plants have **Xgrown upX** very fast.
	Those plants have *grown* very fast.
Es fascinante ver a tus propios hijos hacerse mayores.	It's fascinating to watch your children *growing up*.

H

HAND, ON THE OTHER

Esta expresión se usa para contrastar lo que vamos a decir con lo que hemos dicho anteriormente, por ejemplo, cuando hablamos de las ventajas y las desventajas de algo. No puede ser la traducción de 'por otra parte' cuando falta el elemento de contraste.

Ir en avión es la forma más rápida de viajar. Además/por otra parte, es muy cómodo.	*Flying is the fastest way to travel.* **XOn the other handX,** *it is very comfortable.* *Flying is the fastest way to travel. It is* also *very (o: the most) comfortable.)* *(o: In addition, it is very comfortable.)*
Viajar en avión es muy cómodo, En cambio, puede ser peligroso.	*Flying is very comfortable;* on the other hand / however, *it can be dangerous.*

TO HAPPEN

La pregunta **What's happening?** no se usa en un sentido negativo pero sí para preguntar a un amigo acerca de un acontecimiento social que puede ser de interés para ambos. No es, por lo tanto, la traducción de la pregunta '¿Qué (te) pasa?', que se usa para indicar que hay un problema. En inglés esta pregunta sería **What's the matter (with you?), What's wrong (with you)?, What's the problem?** or **What's up?**

¿Qué (os) pasa? ¿Habéis discutido?	**XWhat's happening?X** *Have you had an argument?* What's the matter? / What's wrong? *Have you had an argument?*
Hola, John, ¿tenemos plan para esta noche? ¿Has hablado con los demás?	*Hi John,* what's happening *tonight? Have you spoken to the others?*

HARDLY

(1) **Hardly** significa 'apenas'. La forma adverbial del adjetivo **hard** es también **hard**.

Ella trabaja duro.	*She works very* **XhardlyX**. *She works very* hard.
Apenas ha estudiado este año.	*He has* hardly *studied this year*

(2) **Hardly anybody / hardly anything** se usa mucho más que **almost nobody / almost nothing** etc.

Casi nadie vio el accidente.	***Almost nobody** saw the accident.* (poco frecuente) *Hardly anybody saw the accident.*

TO HAVE

(1) En inglés moderno **to have** se utiliza como verbo principal de dos maneras.

(a) Cuando lleva implícito un sentido de posesión o de relación (por ejemplo, la familia), en el inglés británico las formas negativa e interrogativa del presente se forman sin el auxiliar **do** y normalmente usamos **got** para todas las formas del verbo: afirmativa, negativa e interrogativa.

¿Tienes coche?	*Do you have a car? (inglés americano)* *Have you got a car? (inglés británico)*
No tengo hermanas pero sí dos hermanos.	*I don't have any sisters but I have 2 brothers. (inglés americano)* *I haven't got any sisters but I've got (o: I have) 2 brothers. (inglés británico)*

(b) El verbo **to have** se usa en muchas expresiones que no llevan implícito el sentido de posesión, además este verbo tiene la característica que puede ser sustituido por otros verbos. Por ejemplo: **to have a cup of coffee** (tomar un café), **to have a shower** (ducharse). En estos casos **to have** se comporta como un verbo regular, esto es, la forma negativa y la interrogativa se realizan con el auxiliar **do** y **got** no se utiliza.

¿Tomas un baño cada noche?	*XHave you (got)X a bath every night?* *Do you have a bath every night?*
¿Qué tomas para desayunar?	*What do you have for breakfast?*

(2) En pasado las formas negativa e interrogativa para los usos (a) y (b) del verbo se forman normalmente con **did(n't)**. La forma interrogativa **Had you...?** es poco común para el grupo (a) e imposible para el grupo (b).

¿Tenías muchos amigos cuando ibas al colegio?	***Had you** many friends at school? (poco corriente)* *Did you have many friends at school?*
No tomé café esta mañana.	*I **Xhadn'tX** a coffee this morning.* *I didn't have a coffee this morning.*
No tenían mucho dinero cuando eran jovenes.	*They **didn't have** much money (o: They **hadn't got** much money) when they were young.*

(3) **To have** no se usa para la edad de las personas (ver **AGE** y también **COLD** y **HOT**)

(4) La correcta traducción de 'hay'/'había' sería **there is / are, there was / were**. Es un error bastante frecuente usar partes del verbo **to have** en estos casos.

Había un letrero que decía 'prohibido entrar'.	*XIt hadX a sign saying "No entry".* *There was a sign saying "No entry".*
Hay mucha gente en el andén.	*XThey areX XThey haveX a lot of people on the platform* *There are a lot of people on the platform*

(5) Hemos de recordar que **to have something done** se usa para indicar que alguien ha hecho algo por nosotros. Normalmente es algo que hace un profesional, un servicio que nosotros no podemos o sabemos hacer (ver ejemplos). Por supuesto no debe confundirse con **to have done something** (haber hecho algo), una acción que se sitúa en el Pretérito Perfecto.

Hice pintar el piso en mayo.	*I had my flat painted in May.*
Me revisan el coche cada seis meses.	*I have my car serviced every six months.*
Haber subido Everest es una hazaña increíble.	*It's a wonderful achievement to have climbed Everest.*

Sin embargo, la misma construcción puede usarse cuando el contexto no se refiere a un servicio profesional sino para indicar que alguien ha sido víctima de un crimen, especialmente cuando no se especifica quien fue el responsable de ese delito.

Le robaron la cartera en el metro.	*XThey stole him his walletX in the metro.* *XHe had stolen his walletX in the metro.* *He had his wallet stolen in the metro.*

HAVE (GOT) TO ver **MUST** (4)

HIGH ver **TALL**

TO HIRE

El verbo **to hire** se confunde a menudo con **to rent**. **To hire** se utiliza para alquilar cosas por un periodo corto de tiempo, por ejemplo, un coche, un barco (aunque en el caso de un coche también se dice **to rent**). No podemos utilizar **to hire** para casas, pisos, chalets etc; en estos casos el verbo correcto es **to rent**.

Alquilaron un chalet para el verano.	*They XhiredX a villa for the summer.* *They rented a villa for the summer.*

| Vamos a alquilar un coche para desplazarnos. | We're going **to hire** (o: **to rent**) a car to move around. |

HISTORY

History se refiere al estudio del pasado; 'una historia' es **a story** y normalmente se usa con el verbo **to tell**.

| Nos contó una historia muy divertida. | He told us a very funny **XhistoryX**. He told us a very funny story. |
| La historia del siglo XIX es fascinante. | The history of the 19th Century is fascinating. |

TO HOLD ver TO CARRY y TO CELEBRATE

HOLIDAY

Holiday se puede utilizar para un solo día y para un período de tiempo, aunque para vacaciones largas usamos **holidays**. Para traducir 'irse de vacaciones' o 'estar de vacaciones', decimos **to go on holiday** o **to be on holiday**. En resumen, **holiday** siempre se utiliza en forma singular, a menos que vaya acompañado de un adjetivo posesivo (**my**, **his**, **our** etc).

El próximo jueves es fiesta.	Next Thursday is **XholidayX**. Next Thursday is a holiday.
Disfrutaron mucho de sus vacaciones.	They really enjoyed their holiday(s).
Se van de vacaciones la semana viene.	They are going on **XholidaysX** next que week.
	They are going on holiday next week. (o: They are going on their holidays next week.)

HOME

La única preposición usada con **home** es **at**, cuyo significado es 'en casa', o sea, cuando no hay movimiento. Con verbos de movimiento no utilizamos preposición.

Está en casa, estudiando.	He is **XinX** home, studying. He is at home, studying.
Voy a casa ahora.	I am going **Xto homeX** now. I am going home now.
Llegaron tarde a casa.	They arrived **XtolatX** home late. They arrived home late.

TO HOPE

(1) **To hope** expresa un deseo, una esperanza. Ver **TO EXPECT (2)**

| Espero aprobar todos los exámenes. (pero no lo tengo muy claro). | I hope I pass (o: to pass) all my exams (but I'm not totally sure I will.) |

(2) To hope debe ir seguido de **for** cuando hay un complemento directo.

Espero que me contesten pronto.	*I am **XhopingX** a reply soon.*
	I am hoping for a reply soon.

HOT ver también **COLD**

Hot indica un extremo de temperatura. **Warm** indica una temperatura más moderada. Para traducir 'ropa de abrigo' decimos **warm** (no 'hot') **clothes**.

Incluso en invierno, cuando sale el sol, la temperatura puede ser agradable.	*Even in winter, it can be **XhotX** when the sun comes out.*
	Even in winter, it can be warm when the sun comes out.
En el desierto hace muchísimo calor de día.	*In the desert, it is extremely hot during the day.*
Llévate ropa de abrigo por si hace frío luego.	*Take **XhotX** clothes with you in case it's cold later.*
	Take warm clothes with you in case it's cold later.

HOW

(1) How se confunde muchas veces con **as** y con **like**. Se usa solamente en frases interrogativas directas o indirectas y nunca en oraciones comparativas (ver también **AS** y **LIKE**). Normalmente no la encontraremos al comienzo de una frase.

Como sabes, se casaron el año pasado.	***XHowX** you know, they got married last year.*
	As you know, they got married last year.
Busca un buen trabajo, como todo el mundo.	*He's looking for a good job, **XhowX** everybody else.*
	He's looking for a good job, like everybody else.
Dime cómo te fue.	*Tell me how you got on.*

(2) How no se utiliza después de un verbo de percepción. Por ejemplo, para traducir 'como' seguido de un verbo en pasado, en inglés se usa **to see / to watch**, seguido de un sustantivo o pronombre y un verbo en infinitivo.

Vieron como un tipo sacaba una pistola y empezaba a disparar.	*They saw **Xhow a man pulled outX** his gun and **XbeganX** to shoot.*
	They saw a man pull out a gun and begin to shoot.

HOW?

(1) Usamos **How?** con el verbo **to be** para interesarnos por la salud de una persona.

-¿Cómo está tu madre?
-Muy bien, gracias.

"*How* is your mother?"
"Oh, fine, thanks".

(2) Para preguntar sobre el carácter de una persona o para saber cómo es un determinado lugar debemos usar **What... like?**, también con el verbo **to be**.

-¿Cómo son las islas griegas?

XHowX are the Greek Islands?
What are the Greek Islands *like*?

-Cómo es tu hermana?

"**XHowX** is your sister (like)?"
"*What* is your sister *like*?"

-Bueno, es rubia y un poco más alta que yo.

"Well, she's blonde and a bit taller than me."

(3) En inglés coloquial es común preguntar usando **How** (sin **like** al final de la pregunta) en lugar de **What... like?** pero solo en pasado.

-Cómo te fue el examen?

"**XHowX** was the/your exam **XlikeX**?"
"*What* was the/your exam *like*?"
(o: "*How* was the/your exam?")

(4) Hay que recordar que usamos **What**, no **How**, con el verbo **to call** cuando queremos saber el nombre de una persona o de un lugar /una calle etc.

¿Cómo se llama tu jefe?

XHowX is your boss called?
What is your boss called?
(o: *What is your boss's name?*)

HOW LONG?

(1) **How long?** no va seguido de **time**.

¿Cuánto tardas en ir al trabajo?

XHow long timeX XHow much timeX do you take / does it take you to get to work?
How long do you take / does it take you to get to work?

(2) Normalmente se usa con el presente perfecto a diferencia del español, que usa el presente.

-Cuánto hace que vives aquí?

How long **Xare you livingX** here?
How long *have you been living* here?

(3) Para distancias utilizamos **how far?**

¿A qué distancia está Bonn de Berlín?   How ***XlongX*** *is Bonn from Berlin?*
                                             How *far* *is Bonn from Berlin?*

HURT ver **TO DAMAGE**

IDEA ver **TO CHANGE**

IF

(1) Oraciones subordinadas con **if:** los tiempos verbales usados en inglés con este tipo de oraciones son los mismos que se utilizan en español (aunque en inglés el subjuntivo no es muy común). El error más común es usar el mismo tiempo verbal en la oración principal y en la oración subordinada. Veamos los tres tipos de oraciones:

Te llamaré mañana si tengo tiempo.	*I'll give you a ring tomorrow if I **Xwill haveX** time.*
	*I'll give you a ring tomorrow if I **have** time.*
Si tuviese suficiente dinero, me would compraría un coche nuevo.	*If I **Xwould haveX** enough money, I buy / I'd buy a new car.*
	*If I **had** enough money, I would buy / I'd buy a new car.*
Si me lo hubieras dicho antes podría haberte ayudado.	*If you **Xwould have toldX** me earlier, I could have helped you.*
	*If you **had told** me earlier, I could have helped you.*

(2) (a) En estilo indirecto, tanto **if** como **whether** pueden usarse para introducir preguntas sin una palabra interrogativa, por ejemplo: **who?**, **when?**, pero **whether** es más común cuando se mencionan dos posibles alternativas.

Preguntó si estaban listos para salir.	*He asked if / whether they were ready to leave.*
Hazme saber si puedes venir.	*Let me know **whether** you can come or not. (o: **if** you can come or not).*

(2) (b) No debemos usar **if** después de una preposición ni antes de un infinitivo.

No sé si salir o quedarme en casa.	*I don't know **XifX** to go out or stay at home.*
	I don't know whether to go out or stay at home.
Hablaron sobre si deberían comprar la casa (o no).	*They talked about **XifX** to buy the house or not.*

*They talked about **whether** to buy the house or not.*

TO IGNORE

To ignore significa no prestar atención o no saludar a alguien. No tiene el sentido de no saber algo.

No me hizo caso en toda la noche.
Ignoro/no sé por qué nunca sale.

*She **ignored** me all night.*
*X**I ignoreX** why he never goes out.*
*I **don't know** why he never goes out.*

ILL

Ill y **sick** son muy similares pero:

(1) **Ill** implica más gravedad que **sick**.

Su padre está muy grave.

*His father is extremely **ill**.*

(2) **Sick** se usa en el mismo sentido que **to vomit**.

Varios invitados vomitaron después de comer mejillones.

*Several of the guests were **sick** after eating mussels.*

(3) **Ill** no se usa delante de un sustantivo o un adjetivo colectivo.

Está muy enferma.

*She's **Xa very ill womanX**.*
*She's very **ill**.*

ILLUSION

To have illusions significa tener una falsa impresión o una visión distorsionada de la realidad. Para traducir 'tener ilusión' usamos una variedad de expresiones, como por ejemplo **to look forward to**.

Este viaje me hace mucha ilusión.

*X**I have a lot of illusion aboutX** the trip.*
*I'm (really) **looking forward to** the trip.*

Creyeron ver un lago, pero fue un espejismo.

*They thought they could see a lake, but it was just an **illusion**.*

TO IMAGINE ver **TO DREAM** (2)

IMPORTANT

Este adjetivo significa **to have importance** en un sentido positivo y por lo tanto no lo podemos usar para describir un accidente o una lesión.

Tenía un corte importante en la cabeza.

*He had an **XimportantX** cut on his head.*
*He had a **serious** cut on his head.*

Esta tarde tengo una reunión importante.	*I have an important meeting this afternoon.*

IMPRESARIO

Se tiene que ir con cuidado al utilizar este falso amigo. Su traducción no es 'empresario' sino **businessman / businesswoman** o **entrepreneur**. La palabra **impresario** define a una persona que organiza o patrocina producciones teatrales.

Mark es un empresario brillante.	*Mark is a brilliant **XimpresarioX**.* *Mark is a brilliant businessman.*
Mi tío es promotor teatral. Ha trabajado con todas las grandes compañías de teatro.	*My uncle is an impresario and has worked with all the great theatre companies.*

IMPRESSIVE

Impressive siempre tiene un sentido positivo y por ello no lo podemos usar para describir un accidente, un fuego o un desastre natural.

Ayer hubo un impresionante accidente en el centro de la ciudad.	*There was an **XimpressiveX** accident in the city centre yesterday.* *There was a serious/terrible accident in the city centre yesterday.*
El actor hizo un papel impresionante.	*The actor gave a very impressive performance.*

TO INJURE ver TO DAMAGE

IN SPITE OF ver también ALTHOUGH y DESPITE

In spite of (o **despite**) va seguido de un gerundio o de una frase que contenga un sustantivo o un pronombre, pero no de una oración que contenga un sujeto y un predicado. En estas oraciones debemos usar **although** / **even though** / **though** (también se puede decir **in spite of** (o **despite**) **the fact (that)...** pero su uso no es muy frecuente).

A pesar de la lluvia, fueron a pasear.	***XDespite/in spite (of) it was rainingX,** they* *went out for a walk.* *In spite of the rain (o: Despite the rain), they went out for a walk.* *In spite of (o: Despite) the fact that it was raining, they went out for a walk.*
Aunque llovía, fueron a pasear.	*Although it was raining, they went out for a walk.*
A pesar de ser rico/Aunque era rico, no era muy generoso.	***XIn spite of he wasX** rich, he wasn't very generous.*

In spite of being rich, he wasn't very generous. (o: *Although* he was rich, he wasn't very generous.)

TO INTEND

To intend (to do) significa 'tener la intención', no 'intentar', que sería **to try**.

Intentarion subir al Everest pero tuvieron que abandonar a causa mal tiempo.

They **XintendedX** to climb Everest but had to give up because of the bad del weather.
They *tried* to climb Everest but had to give up because of the bad weather.

Tengo la intención de montar un negocio dentro de poco.

I *intend* to start (o: set up) a business soon.

INTERVIEW, TO INTERVIEW

Interview puede ser un verbo y un sustantivo. Como verbo no se utiliza con una preposición; como sustantivo, el verbo sería **to give someone an interview** o bien **to have an interview** y no 'to make'.

Le hicieron una entrevista.

They **Xmade him an interviewX**.
They *gave him an interview*.
They **Xinterviewed to/withX** him.
They *interviewed* him.

Se entrevistó con su jefe.

He **XmadeX** an interview with his boss.
He *had* an interview with his boss.

IN / INTO

(1) Usamos **in** para indicar posición sin movimiento.

Había 3 personas en la habitación.

There were 3 people **XintoX** the room.
There were 3 people *in* the room.

(2) Usamos **into** en lugar de **in** cuando esta preposición va seguida de un verbo de movimiento y de un complemento de lugar.

Entró en el despacho.

He walked **XinX** the office.
He walked *into* the office.

Abrió la puerta y entró.

He opened the door and went **XintoX**.
He opened the door and went *in*.

¡Adelante! (¡Pase!)

Come **XintoX**!
Come *in*!

TO INVITE

En inglés para invitar a alguien a una fiesta o celebración empleamos el verbo **to invite**. Las expresiones **to pay for/get a drink** se emplean para decir que invitamos ('invito yo'), esto es, cuando pagamos lo nuestro e invitamos a los demás.

Invito yo.

XI invite youX.
I'll pay for this. / I'll get this one.

Fuimos a cenar y me invitaron mis alumnos.

We went out for dinner, and my students **XinvitedX** me.
(esto significa 'Mis alumnos me invitaron a que fuera con ellos.')
We went out for dinner, and my students paid for me.

Fui invitado a la boda.

I was **invited** to the wedding.

J

JOURNEY

Journey y **trip** se confunden frecuentemente. **Journey** normalmente implica movimiento desde o hasta un lugar a visitar. **Trip** indica tanto movimiento como estancia.

Acorte su viaje: ¡Coja el tren!	*Cut your **XtripX** time – take the train!*
	Cut your journey time – take the train!
-¿Cómo te fue el viaje (de negocios)?	*"How did your (business) **journey** go?"*
	"How did your (business) trip go?"
- Un éxito, gracias.	*"Oh, it was successful, thanks."*

K

TO KEEP

El verbo **to keep** es la traducción normal de 'guardar', por ejemplo una factura, papeles importantes etc; pero cuidado con la traducción de, por ejemplo, 'guardar los platos' (después de una comida) o 'guardar la ropa de invierno' (a principios de la primavera): esto sería **to put away**.

Guarda la factura por si tenemos que cambiar la ropa.	*Keep the receipt in case we need to exchange the clothes.*
Después de cenar lavamos los platos y los guardamos.	*After dinner, we washed the dishes and* **Xkept them.X** *After dinner, we washed the dishes and put them away.*

TO KNOW

(1) **To know** se puede usar para indicar una acción que pasa en un momento concreto. Usamos **to meet a person for the first time** después de conocer a alguien por primera vez; más tarde pasamos a un período en el que **we get to know** esa persona para finalmente poder afirmar que la conocemos a fondo, **to know the person**. Para referirnos a noticias, información, etc. usamos **to find out / to hear**.

Lo conocí en una fiesta.	*I* **XknewX** *him at a party.* *I met him at a party.*
Tardé mucho en conocerla.	*It took me a long time to* **Xknow herX**. *It took me a long time to get to know her.*
Claro que le conozco: nos conocimos el año pasado.	*Yes, of course I know him: we met last year.*
Supe la noticia por la radio.	**XI knewX** *the news on the radio.* *I heard the news on the radio.*

(2) Para decir que conocemos un país, normalmente se utiliza **I've been to** (**Italy, the United States** etc) en vez del verbo **to know**. Se utiliza **to get to know** para hablar del proceso de ir conociendo un país poco a poco (o también a una persona).

¿Conoces Escocia?	**XDo you knowX** *Scotland?* *Have you (ever) been to Scotland?*

He estado muchas veces en la India: cuanto más la conozco más me gusta.

I've been to India many times: the more I *get to know* it, the more I love it.

(3) Para expresar 'saber hacer' en inglés tenemos que decir **(I) know how to (do)**... o bien **(I) can (do)** (sin 'to').

¿Sabes cambiar una rueda?

Do you **Xknow to changeX** a tyre?
Do you *know how to change* a tyre?
(o: *Can you change* a tyre?)

¿Sabes nadar?

Can you swim?
(o: Do you *know how to swim?*)

KNOWN

Decimos que una persona o un lugar es **famous** o **well-known** en el sentido de 'famoso' o 'conocido' pero no usamos la palabra **known** en estos contextos.

Es un actor muy conocido.

He is a very **XknownX** actor.
He is a very *well-known / famous* actor.

Esta plaza es muy conocida a causa de la revolución.

This square is **Xvery knownX** because of the revolution.
This square is *well-known / famous* because of the revolution.

LARGE

Large quiere decir 'grande', no 'largo'.

Es una carretera muy larga.	*It's a very **XlargeX** road.* *It's a very long road.*
La ballena es el mamífero más grande del mundo.	*The whale is the largest mammal in the world.*

LAST

(1) **Last** se confunde con **latest**, que quiere decir el más reciente, el más nuevo. **Last** significa el último de una serie o el anterior a este último (libro / disco / película etc).

Me gusta mucho el último álbum de los Rollings. (el más nuevo)	*I really like the Stones' **XlastX** album.* *I really like the Stones' latest album.* (estás seguro que harán más álbumes.)
¿Has visto la ultima moda en pantalones?	*Have you seen the **XlastX** fashion in trousers?* *Have you seen the latest fashion in trousers?*
Let It Be fue el último album de los Beatles.	*Let It Be was the Beatles' last album.* (es decir, no volvieron a grabar ningún otro.)
Su última novela es mucho mejor que la anterior.	*His latest novel is much better than his last one.*

(2) **The last** se usa cuando queremos decir el último de una serie o cuando hablamos de un periodo de tiempo que continua hasta el momento presente. Usamos **last** sin **the** cuando hablamos de 'el que va antes de éste', normalmente cuando hablamos de meses, años o días.

El año pasado fui a Egipto.	***XThe last yearX**, I went to Egypt.* *Last year, I went to Egypt.*
Este último año ha sido un gran éxito.	*The last year has been very successful.* (es decir, los últimos 12 meses)
Diciembre es el último mes del año.	*December is the last month of the year.*

(3) **At last** (ver también **AT / IN THE END**) se confunde muchas veces con **in the end**. Con **at last** expresamos cierto alivio en relación a algo que ha sucedido después de un tiempo de espera, quizá con impaciencia y/o frustración. Por lo tanto, es la traducción de '¡por fin!'.

In the end ('al final') pone otro énfasis: sugiere que algo pasa después de haber invertido mucho tiempo y trabajo, de haber hablado con otras personas (amigos, familiares…), para finalmente llegar a una conclusión.

Teníamos varias ideas sobre adónde irnos de vacaciones pero al final elegimos el sur de Francia.	We had several different ideas about where to go on holiday but **Xat lastX** we decided on the south of France. We had several different ideas about where to go on holiday but **in the end** we decided on the south of France.
- Acaba de llegar John.	"John's just arrived."
-¡Por fin! ¡Pensaba que nunca íbamos a poder empezar la reunion!	"**At last!** I thought we would never be able to start the meeting!"

TO LAST ver **TO TAKE (1)**

LATEST ver **LAST (1)**

TO LAY ver también **TO LIE**

Es muy fácil confundir **to lay** con **to lie**. El verbo **to lay** es transitivo, por lo tanto lleva un objeto directo. Es además un verbo regular, el pasado es **laid** y también el participio pasado. El participio presente es **laying**.

El verbo **to lie** es intransitivo, no lleva objeto directo y es irregular: el pasado es **lay**, el participio pasado es **lain** y el participio presente es **lying**. Hemos de tener en cuenta que el verbo regular **lie / lied / lied** significa 'mentir'.

¿Quieres poner la mesa?	Will you **lay** the table, please?
Depositó la bandeja en la mesa.	He **laid** the tray down on the table.
El libro estaba en la mesa.	The book **XlaidX** on the table. The book **lay** on the table.
Estoy cansado, voy a tumbarme.	I'm tired, I'm going to **XlayX** down. I'm tired, I'm going to **lie** down.
Estaban tumbados en la playa.	They were **XlayingX** on the beach. They were **lying** on the beach.

TO LEAVE ver **TO FORGET**

LECTURER ver **PROFESSOR**

TO LEND ver **TO BORROW**

LESS ver **EVERY TIME** y **MORE (3)**

TO LET ver también **TO RENT**

(1) **To let** es la traducción de 'dejar' solamente cuando lo podemos traducir por **to allow**. La construcción es **to let** + pronombre / sustantivo + verbo en infinitivo sin **to**.

Mis padres no me dejan volver a casa muy tarde.	*My parents won't **Xlet me to stayX** out late.* *My parents won't let me stay out late.*

(2) En otros contextos el verbo 'dejar' se traduce como **to leave** en el sentido de **to forget** (olvidar), o **to go to another place**.

He olvidado mi libro en casa.	*I've **XletX** my book at home.* *I've left my book at home.*

(3) La traducción de 'prestar' no es **to let** sino **to lend**, en el sentido de **to give someone an object for a short time**.

¿Me dejas tu bolígrafo?	*Can you **Xlet/leaveX** me your pen?* *Can you lend me your pen?*

TO LIE

(1) Ver **TO LAY**

(2) Es importante recordar que existen dos verbos con el mismo infinitivo: **to lie / lay / lain** (tumbarse, yacer) y **to lie / lied / lied** (mentir). El participio presente para ambos verbos es **lying**.

Mintió a la policía para proteger a sus cómplices.	*He lied to the police to protect his accomplices.*

LIKE ver también **HOW**

(1) **Like** se confunde muchas veces con **as**. La diferencia básica es que **like** es una preposición que va seguida de un nombre o un pronombre, pero no por un verbo o un adverbio. **As** es una conjunción y va seguida por un sujeto, un verbo o por un sintagma preposicional.

Trabajo en una fábrica, como mi padre.	*I work in a factory, **Xlike my father doesX**.* *I work in a factory, like my father. (o: as my father does.)*
En 1986, como en 1978, Argentina ganó el campeonato del mundo.	*In 1986, **Xlike inX** 1978, Argentina won the World Cup.* *In 1986, as in 1978, Argentina won the World Cup.*
Llega tarde, como siempre.	***XLikeX** always, he's late!* *As always, he's late!*

(2) Con el verbo **to work** usamos **as** para hablar de nuestro trabajo o profesión y **like** simplemente para comparar.

Trabaja como periodista.	*She works **XlikeX** a journalist.*
	*She works **as** a journalist.*
Trabajó como un esclavo.	*He worked **XasX** a slave.*
	*He worked **like** a slave.*

(3) Existe un gran número de verbos que van seguidos con una construcción con **as** y no **like**. Entre los más comunes encontramos: **to accept, to be known, to describe, to regard, to use.**

Lo aceptaron enseguida como a uno de la familia.	*They accepted him **XlikeX** one of the family immediately.*
	*They accepted him **as** one of the family immediately.*
Se le conoce como el 'viejo maestro'.	*He is known **XlikeX** 'the Old Maestro'.*
	*He is known **as** 'the Old Maestro'.*

N.B. En inglés oral moderno se ha empezado a usar **like** con un sujeto y un verbo, por ejemplo, **I hope it's a great summer, like we had 2 years ago**. Mucha gente lo considera incorrecto pero se dice cada vez más.

TO LIKE

(1) To like va normalmente seguido de la forma **-ing** del verbo cuando significa disfrutar de una actividad.

Me gusta esquiar en invierno y hacer windsurf en verano.	*I like **XskiX** in winter and **XwindsurfX** in summer.*
	*I like **skiing** in winter and **windsurfing** in summer.*

(2) Se puede usar con el infinitivo cuando significa algo que hacemos habitualmente o cuando creemos que es algo que nos irá bien.

Me gusta tomar un baño justo antes de acostarme: me relaja.	***XI like haveX** a bath just before going to bed: it relaxes me.*
	*I **like to have** (o: **having**) a bath just before going to bed: it relaxes me.*

(3). La forma condicional **would like** debe ir seguida por un infinitivo y tiene que referirse a este momento. **Do you like?** es una pregunta más general sobre los gustos de una persona.

¿Te apetece salir a tomar algo?	*Would you **Xlike goingX** out for a drink?*
	*Would you **like to go** out for a drink?*

¿Quieres un trozo de pastel?	**XDoX** you like a piece of cake? Would you like a piece of cake?
¿Te gusta el chocolate?	Do you like chocolate?

(4) A una persona le puede gustar algo pero no al revés.

Me gustó mucho la película.	**XThe film liked meX** very much. **XI liked very muchX** the film. I liked the film very much. (o: I really liked the film.)

(5) **To like** debe ir seguido de un objeto. Cuando usamos **very much**, el objeto debe ir inmediatamente detrás de **like** y antes de **very much**.

-La semana pasada estuve en París.	"I was in Paris last week."
-¿Te gusto?	**X"Did you like?"X** "Did you like <u>it</u>?"
Me gusta mucho bailar.	I like **Xvery muchX** dancing. I like dancing very much. (o: I really like dancing.)

TO LISTEN

(1) Cuando **to listen** va seguido por un nombre o un pronombre debemos usar **to** después del verbo.

Me gusta escuchar música.	I like **Xlistening musicX**. I like listening to music.
¡Escucha! ¡Hay alguien fuera!	Listen! There's someone outside!

(2) El verbo **to listen** implica una acción voluntaria, un deseo o un esfuerzo para oír a alguien o a algo. Cuando la acción no es voluntaria debemos usar el verbo **to hear**.

Podía oír el tráfico en la calle.	I could **Xlisten toX** the traffic in the street. I could hear the traffic in the street.

LITTLE / A LITTLE ver también **FEW / A FEW**.

Little usado como un adjetivo cuantitativo significa 'no mucho', 'poco'. Acompaña a los sustantivos incontables y tiene una connotación negativa.

A little también acompaña a sustantivos incontables pero significa una pequeña cantidad de algo ('un poco') y por lo tanto tiene una connotación más positiva.

Era muy temprano y vi a muy	It was very early, and I saw very **XlittleX**

poca gente en la calle.	*people in the street.* (esto significaría que la gente era pequeña o muy baja.) *It was very early, and I saw very few people in the street.* (o: *I didn't see many people in the street.*)
Compramos muy poca carne porque ¡es tan cara!	*We buy Xa littleX meat because it's so expensive.* *We buy little meat because it's so expensive.* (o: *We don't buy much meat because it's so expensive.*)
¿Te apetece un poco de queso?	*Would you like XlittleX cheese?* *Would you like a little cheese?*

TO LOCK ver **TO CLOSE**

LONELY ver **ALONE**

LONG ver **LARGE**

TO LOOK ver **TO SEEM** y **TO WATCH**

TO LOOK FORWARD TO ver también **ILLUSION**

Este verbo significa tener muchas ganas de algo, pensar en algo agradable que vamos a hacer. Va seguido de un sustantivo o un verbo en la forma **-ing**, pero nunca de un infinitivo (el **to** es una preposición que forma parte de este verbo y no forma parte del verbo que sigue). En modo conversacional o en un registro informal normalmente usamos <u>la forma continua</u> del verbo. Por otra parte la forma **I look forward to** es mucho más formal y se utiliza por ejemplo en correspondencia comercial.

Tiene muchas ganas de conocerte.	*He is looking forward to XmeetX you.* *He is looking forward to meeting you.*
Estas vacaciones me hacen mucha ilusión.	*XI look forward toX my holidays.* (esto significa '<u>siempre</u> me hacen ilusión las vacaciones' o '<u>cada año</u> me hace ilusión irme de vacaciones'). *I'm looking forward to my holidays.* (vacaciones concretas)
Esperamos tener noticias suyas en un futuro próximo.	*We look forward to hearing from you in the near future.* (al final de una carta formal)

Por supuesto también se puede utilizar **to look forward to** en forma negativa:

Las Navidades no me hacen mucha ilusión porque siempre hay discusiones familiares.	I'm not looking forward to *Christmas* much because we *always get into family arguments.*

TO LOSE

(1) No utilizamos **to lose** sino **to miss** para decir que hemos perdido el tren, el autobús, etc.

Si no te das prisa perderás el tren.	If you don't hurry, you will **XloseX** the train. If you don't hurry, you will miss the train.

(2) Perder el tiempo es **to waste time**, no **to lose time**.

Perdió todo el día: no hizo nada.	He **XlostX** the whole day, doing nothing. He wasted the whole day, doing nothing.

LUCK ver también **CHANCE**

Luck es un sustantivo. La forma adjetival es **lucky**, usado con el verbo **to be**.

¡Siempre tiene suerte!	He **Xalways hasX** luck/lucky. He is always lucky!

TO MAKE

(1) Ver **To do (grupo 4)**. Las expresiones más comunes con el verbo **to make** son:

equivocarse	to **XdoX** a mistake.
	to make a mistake.
tomar una decisión	to make a decision
hacer una oferta	to make an offer
sugerir / proponer	to make a suggestion
hacer una llamada	to make a phone call
hacer un esfuerzo	to make an effort
hacer planes	to make plans
ganar dinero	to make money
hacer el amor / la guerra	to make love/war
hacer la cama	to make the bed
hacer ruido	to make noise

(2) Para expresar obligación, usamos la forma **to make someone do something**, la cual no va seguida de **to**, excepto en la forma pasiva.

Los atracadores obligaron al director a entregar el dinero.	*The bank robbers made the manager* **Xto hand o**ver **X** *the money.*
	The bank robbers made the manager hand over *the money.*
El director fue obligado a entregar el dinero.	*The manager* was made to hand o*ver the money.*

TO MANAGE TO ver **COULD**

MANY ver también **FEW**

(1) **Many** se usa solo con sustantivos plurales.

No tengo mucho dinero.	*I haven't got* **XmanyX** *money.*
	I haven't got much *money.*

(2) No es común utilizar **many** en frases afirmativas; para estos casos usamos **a lot of**.

Tiene muchos amigos.	*She has a lot of friends.* *She has many friends.* (menos corriente)
No tiene muchos libros en casa.	*She doesn't have many* (o: *a lot of*) *books at home.*

MARK ver también NOTE

Hablamos de **marks** cuando nos referirnos a las notas de un examen (ver **NOTE**). Para indicar la marca de un producto, coche, ropa usamos **brand** o **make**.

¿De qué marca es tu radio?	*What XmarkX is your radio?* *What make is your radio?*
-¿Qué nota sacaste?	*"What mark did you get?"*
-Un siete.	*"7."*

TO MARRY

(1) El verbo **to marry** va acompañado de un objeto directo y no lleva preposición.

Se casó con un príncipe.	*She married XwithX a prince.* *She married a prince.*

(2) Si no hay objeto directo usamos la forma **to get married**.

Se casaron el año pasado.	*They XmarriedX last year.* *They got married last year.*

Si **to get married** / **to be married** va acompañado de un objeto, la preposición correcta es **to** y no **with**.

Se casó con su prima.	*He got married XwithX his cousin.* *He got married to his cousin.*
Está casado con una italiana.	*He is married XwithX an Italian girl.* *He is married to an Italian girl.*

TO MATTER ver también TO MIND (1)

(1) **To matter** se usa normalmente en la forma impersonal negativa **it doesn't matter** cuyo significado es 'no es importante'.

Está lloviendo.	*"It's raining."*
-No importa, voy a salir igual.	*"XDoesn't matterX, I'm still going out".* *"It doesn't matter, I'm still going out".*

(2) También puede usarse con sujetos específicos, pero deben ir delante del verbo.

Sus opiniones no cuentan para nada.	**XDon't matter his opinionsX**.
	His opinions *don't matter*.

(3) La traducción de 'no te preocupes' es **don't worry**, no **don't matter**.

-Aún no he escrito esa carta.	"I haven't written that letter yet".
-Bueno, no te preocupes.	"Oh, **Xdon't matterX**".
	"Oh, *don't worry*".

MAY ver **MODAL AUXILIARY VERBS**

ME

Me es el complemento de **I** usado como un objeto directo o indirecto o después de la mayoría de preposiciones pero no se emplea después de **of** en un sentido posesivo. Para esto debemos utilizar la preposición y la forma posesiva **mine**. Lo mismo sucede con los pronombres con objeto/posesivo **us/ours, him/his, them/theirs**, etc.)

Es un buen amigo mío.	He is a good friend **Xof meX**.
	He is a good friend *of mine*.
¿Conoces a algún amigo suyo?	Do you know any friends **Xof themX**?
	Do you know any friends *of theirs*?

TO MEAN

El verbo **to mean** es un verbo regular que usa el **do** en presente y **did** en pasado en las formas interrogativas y negativas. Utilizamos la preposición **by** (y no 'with') cuando queremos aclarar el significado exacto de un comentario.

¿Qué significa 'scared'?	What **XmeansX** 'scared'?
	What **Xdoes meanX** 'scared'?
	What *does* 'scared' *mean*?
¿Qué quieres decir con esto?	What do you mean **XwithX** that?
	What do you mean *by* that?

MEANWHILE

Meanwhile es un adverbio que significa 'mientras tanto'. A menudo se confunde con la conjunción **while** (mientras). De los dos solamente **while** puede ir seguido de una oración subordinada.

Mientras hacía la compra en el supermercado, me robaron el monedero.	**XMeanwhileX** I was shopping in the supermarket, I had my purse stolen.
	While I was shopping in the supermarket, I had my purse stolen.
Uno de los detectives interrogó al sospechoso. Mientras tanto, su colega consultó las fichas.	One detective interrogated the suspect. *Meanwhile*, his colleague looked through the files.

TO MEET ver **APPOINTMENT** y **TO KNOW**

MEETING ver **REUNION**

MIGHT ver **MODAL AUXILIARY VERBS** y **POSSIBLE**

TO MIND

(1) **To mind** no se puede usar en la forma impersonal del verbo. Ver **TO MATTER**

No importa.	It doesn't **XmindX**. It doesn't *matter*.

(2) Normalmente se usa en frases negativas e interrogativas. Significa 'objetar' o 'desagradar' y en consecuencia se refiere a algo que no gusta o que es aburrido. No se usa para describir algo que consideramos interesante o agradable.

	XDo you mind going on holiday?X (irse de vacaciones es algo muy positivo para todo el mundo).
-¿Te importa que no salgamos esta noche? Estoy muy cansado.	"Do you mind if we don't go out tonight? I'm really tired."
-Claro que no me importa, podemos salir otro día.	"Of course I don't mind. (o: Of course not.) We can go out another time."

(3) Nunca va seguido de infinitivo. Las formas interrogativas **Do you mind?** y **Would you mind?** pueden ir seguidas por una frase condicional encabezada por **if** o un verbo en la forma **-ing** pero no por un infinitivo.

No me importa/molesta lavar los platos.	I don't mind **Xto washX** the dishes. I don't mind washing the dishes.
¿Podría usted abrir la ventana?	Would you mind **Xto openX** the Would you mind opening the window?
¿Le importa que fume?	Do you mind **Xthat I smokeX**? Do you mind if **I smoke**?
¿Te molesta que la gente grite en la calle?	Do you mind **Xthat people shoutX** in the street? Do you mind people shouting in the street?

(4) La traducción de 'no te preocupes' es **don't worry**.

-Aún no he acabado aquel trabajo.	"I haven't finished that work yet."
-Bueno, no te preocupes.	"Well, **Xdon't mindX**." "Well, don't worry."

MINE

La forma pronominal del adjetivo posesivo **my** es **mine**, no 'the mine' o 'the my one' (estas formas no existen). (Pasa lo mismo con **yours**, **his**, **hers**, **ours** y **theirs**.)

Este libro es tuyo: ¿has visto el mío?	*This is your book: have you seen* **Xthe mine/the my one?X** *This is your book: have you seen* mine?

TO MISS ver **TO LOSE**

MODAL AUXILIARY VERBS (**verbos auxiliares modales**)

Existen cuatro errores muy comunes cuando usamos estos verbos (principalmente **can, could, may, might, must, should**.)

(1) Solamente se puede usar **to** con el verbo **ought to**.

Todo el mundo tiene que pagar (sus) impuestos.	*Everybody must* **Xto payX** *taxes.* *Everybody* must pay *taxes.*
Pienso que deberías disculparte por haberte comportado así.	*I think you should* **Xto apologizeX** *for your behaviour.* *I think you* should apologize *for your behaviour.* (o: *you* ought to apologize *for your behaviour.*)

(2) Para expresar el pasado los usamos con el infinitivo del presente perfecto y no con el pasado simple del verbo principal.

Puede que se haya ido fuera el fin semana.	*He might* **Xwent awayX** *for the de weekend.* *He* might have gone *away for the weekend.*
Debía haber ido en coche, es más by rápido.	*He* **Xshould has/ should hadX** *gone car, it's faster.* *He* should have *gone by car, it's faster.*

(3) No tienen infinitivo.

Llegó temprano, para poder ver a su padre.	*He arrived early,* **Xto can seeX** *his father.* *He arrived early,* to be able *to see his father.*

(4) Las formas interrogativas y negativas no van con **do** o **did**.

¿Sabes nadar?	**XDo you canX** *swim?* Can you swim?

TO MOLEST

Hay que ir con cuidado con el verbo inglés **to molest** porque significa 'importunar / abusar sexualmente'; la traducción del verbo 'molestar' sería **to bother, to annoy, to disturb** etc.

¡Me molesta que mis vecinos hagan ruido cuando estoy intentando estudiar!	It **XmolestsX** me when I'm trying to study and my neighbours make noise! It bothers / disturbs me when I'm trying to study and my neighbours make noise!
La policía ha detenido a un hombre por haber acosado sexualmente a una joven estudiante mientras atravesaba el parque.	The police have arrested a man for molesting a young student while she was walking through the park.

MOMENT, AT THE

(1) **At** (no **in**) **the moment** significa 'ahora', 'en este momento'.

Actualmente no trabaja.	He's not working **Xin thisX** moment. He's not working at the moment.

(2) Para traducir 'al momento' podemos usar: **at once / straight away / immediately / instantly**.

Se notificará al usuario al momento de últimas actualizaciones.	The user will be notified **Xat the las momentX** of the latest updates. The user will be notified immediately (o: instantly) of the latest updates.

MORE

More es la forma comparativa de **much / many**.

(1) No lo podemos utilizar como superlativo; para esto tenemos **most**.

Venecia es la ciudad más bonita que jamás he visto.	Venice is the **XmoreX** beautiful city I've ever seen. Venice is the most beautiful city I've ever seen.

(2) No lo usamos para formar la forma comparativa de la mayoría de adjetivos de una o dos sílabas pero sí de adjetivos de más de dos sílabas. En ambos casos el adjetivo va seguido de **than** (no **that**).

Este paquete es más pequeño que el otro.	This packet is **Xmore smallX** than the other one. This packet is smaller than the other one.

La gramática alemana es más difícil que la inglesa.	German grammar is more difficult **XthatX** English grammar. German grammar is more difficult *than* English grammar.

(3) Usamos **more and more** solo o seguido de un adjetivo o un adverbio para indicar una acción que se va incrementando en intensidad o frecuencia. Para expresar justamente lo contrario utilizamos **less and less**. 'Every time more/less' es una traducción literal del castellano y es incorrecta.

Aprendo cada vez más sobre la cocina francesa.	I am learning **Xevery time moreX** about French cooking. I am learning *more and more* about French cooking.
¡Con este profesor aprendo cada vez menos!	I am learning **Xevery time lessX** with this teacher! I am learning *less and less* with this teacher!

MOST ver también **MORE (1)**

(1) **Most** solamente puede ir precedido por **the** cuando va acompañado de un adjetivo en la forma superlativa. Cuando el significado de **most** es 'la mayoría de', seguido por un sustantivo o un adjetivo, no usamos **the**.

La mayoría de la gente está en contra de la guerra.	**XThe most peopleX** are against war. *Most people* are against war.
Granada es una de las ciudades más bonitas de Europa.	Granada is one of *the most beautiful* cities in Europe.

(2) Cuando **the most** tiene un significado superlativo debemos añadir la palabra **thing** después del adjetivo si no hay un sustantivo específico.

Lo más importante es comprobar the la fecha en el billete.	**XThe most importantX** is to check date on the ticket. *The most important thing* is to check the date on the ticket.

(3) Solamente puede ir con **of** antes de un nombre cuando antes hay un determinante.

La mayoría de los médicos recomiendan no fumar.	**XMost ofX** doctors recommend people not to smoke. *Most doctors* recommend people not to smoke.
La mayoría de mis amigos estan casados.	*Most of my* friends are married.

MORE OR LESS

More or less no se usa normalmente cuando nos referimos a números o tiempo. **About** o **around** son los vocablos indicados para estos casos. Decimos **more or less** cuando no somos precisos o exactos cuando describimos una situación.

Tengo que irme a las cuatro más o menos.	*I have to leave **Xat 4 o'clock more or less.X***
	I have to leave at about /around 4 o'clock.
A: *¿Cuántos érais en la fiesta?*	A: *How many people were there at the party?*
B: *Unos treinta, más o menos.*	B: ***XMore or lessX** 30.*
	B: *About / Around 30.*
Un 65% de los encuestados dijeron estar más o menos satisfechos con su vida.	*In the survey, about 65% said they were more or less happy with their lives.*

MOTORIST

En inglés la palabra **motorist** define a una persona que conduce un coche, no una moto. La traducción al inglés de 'motorista' es **motor cyclist**.

Los motoristas causan menos accidentes	***XMotoristsX** cause fewer road accidents*
que los conductores de coche pero tienen más posibilidades de resultar heridos.	*than car drivers but are more likely to be injured in one.*
	Motor cyclists cause fewer road accidents than car drivers but are more likely to be injured in one.

MUCH ver también **MANY (1)**

(1) No es muy común usar **much** en frases afirmativas; en su lugar usamos **a lot (of)**.

Tengo mucho tiempo libre.	*I have **XmuchX** free time.*
	I have a lot of free time.

(2) **Much** va acompañado solamente de sustantivos incontables. Para las formas en plural usamos **many**.

¿Viste a mucha gente en la ciudad?	*Did you see **XmuchX** people in town?*
	Did you see many people in town?
Nos queda muy poco café.	*We haven't (got) much coffee left.*

MUST

(1) **Must** nunca va seguido de **to** (ver **MODAL AUXILIARY VERBS**). En presente puede significar obligación o deducción.

Tengo que irme: es muy tarde.	I must **XtoX** go: it's very late. I *must* go: it's very late. (obligación)
Tiene que ser rico – acaba de comprarse un Rolls.	He must **Xto beX** rich – he has just bought a Rolls-Royce. He *must be* rich – he has just bought a Rolls-Royce. (deducción /suposición)

(2) Must no tiene forma de pasado. Para expresar obligación en pasado usamos **had to**. Para expresar deducción en el pasado **must** debe ir acompañado del presente perfecto del verbo principal.

Tuvo que pagar una multa (por aparcar mal).	He **Xmust paid/must had paid/must have payX** a parking fine. He *had to pay* a parking fine. (obligación)
Sus abuelos debieron ser unas personas muy interesantes.	His grandparents **Xmust were / must had beenX** interesting people. His grandparents *must have been* interesting people. (suposición – ya están muertos)

(3) Mustn't se usa para expresar obligación en negativo. Para expresar una falta de obligación usamos **needn't** o **don't have to**. Para expresar una suposición en negativo normalmente usamos **can't**.

No debes/no se puede aparcar en la acera.	You *mustn't* park on the pavement. (obligación negativa).
No tienes que venir si no te apetece.	You **Xmustn'tX** come if you don't want to. You *needn't come* if you don't want to. (o: You *don't have to come*.) (falta de obligación)
No puede tener 20 años – hace un año que dejó el colegio.	He **Xmustn'tX** be 20 – he only left solo school last year. He *can't be* 20 – he only left school last year. (suposición negativa)

(4) Must y **have (got) to** expresan obligación en el presente pero no son siempre intercambiables. **Must + verbo** se usa normalmente cuando el hablante se autoimpone una acción, mientras que **have (got) to + verbo** indica en la mayoría de casos que la imposición es de una tercera persona. Usar **must** en estos ejemplos es poco usual.

Tengo que limpiar los cristales, ¡están muy sucios!	I *must* clean the windows, they're filthy!
El médico me dijo que tengo que hacer más ejercicio.	The doctor told me *I have to / I've got to* do more exercise.

Tiene que ir a que le hagan pruebas cada dos semanas.

He has to / he's got to go and have tests every two weeks.

NEAR

Near es solamente una preposición y normalmente no va acompañado de **to**. **Nearby** es un adverbio y un adjetivo. **Close to** puede usarse en lugar de **near**.

Vive cerca de la iglesia.	He lives **Xnear toX** the church. He lives *near* the church. (o: *he lives* **close to** *the church.*)
Había algunas tiendas cerca.	There were some shops **XnearX**. There were some shops *nearby*.
Durmieron en un pueblo cercano.	They slept in a **XnearX** village. They slept in a *nearby* village.

TO NEED (presente)

(1) El verbo **to need** puede usarse como un verbo ordinario y también como un 'verbo modal auxiliar' (casi siempre en la forma negativa del presente cuando **needn't** (**do/say/buy** etc) es una alternativa de **don't need to** (**do/say/buy** etc).

Seguramente no necesitamos *reservar asiento: el tren no* *estará lleno.*	I'm sure we **Xneedn't to bookX** a seat: the train won't be full. I'm sure we *don't need to* (o: *needn't*) book a seat: the train won't be full.
Necesita tumbarse; no se encuentra *bien.*	He **Xneeds lie downX** – he's not bien. feeling well. He *needs to lie down* – he's not feeling well.

(2) **Needn't** no puede ir acompañado de un

No necesitas impermeable; hace sol.	You **Xneedn'tX** a raincoat; it's sunny. You *don't need* a raincoat; it's sunny.

TO NEED (pasado)

Las formas de pasado **didn't need to do** y **needn't have done** tienen significados diferentes. **Didn't need to** significa que el sujeto sabía que no era necesario hacer algo y no lo hizo. **Needn't have done** quiere decir que el sujeto hizo algo y no fue hasta más adelante en el tiempo cuando se dio cuenta que no era necesario haberlo hecho.

No hacía falta que hubiera comprado café, ya que su esposa ya había comprado.	He **Xdidn't need to have boughtX** *coffee because his wife had already bought some.*
(pero, al no saberlo él, compró más.)	He *needn't have bought coffee.* (<u>pero</u> <u>sí</u> <u>lo compró</u>.)
No necesitó coger un taxi para ir a la estación, ya que le sobraba tiempo.	He **Xneedn't take / needn't have takenX** *a taxi to the station, as he had plenty of time.*
(sabía que tenía tiempo de sobras y no cogió un taxi.)	He *didn't need to take a taxi to the station, as he had plenty of time.*

NEGATIVES (formas negativas)

(1) En inglés no es posible usar dos formas negativas en la misma frase, por lo cual eliminamos o bien la parte negativa del verbo o bien la palabra en negativo usada después del verbo.

No vi a nadie.	I didn't see **Xnobody.X** I *didn't see anybody*. (o: I *saw nobody*.)
No pueden hacer nada.	They can't do **XnothingX**. They can't do *anything*. (o: They *can do nothing*.)

(2) Cuando formamos la negación de un verbo normal en presente la forma del verbo principal no cambia en la tercera persona del singular cuando utilizamos **doesn't**.

Ya no vive aquí.	He **Xdoesn't livesX** here anymore. He *doesn't live* here anymore.

(3) Cuando formamos la negación de un verbo normal en pasado, el verbo principal tiene que estar en infinitivo (sin el **to**), nunca en pasado.

No salieron de casa hasta las 11.00.	They didn't **XleftX** home until 11.00. They didn't *leave* home until 11.00.

NEITHER / NOR ver también **EITHER / OR**

(1) **Neither** o **Nor** significan también **not** y los usamos después de o en respuesta a una expresión en negativa. Deben colocarse al principio de la expresión. Además deben ir acompañados de un verbo auxiliar (o **to be**) en forma afirmativa y preceder al sujeto. Alternativamente si queremos responder usando un sujeto con un verbo auxiliar en negativo (en el orden normal de palabras), debe ir seguido de **either**, y no de **neither**.

-No me gustan los lunes.	"I don't like Mondays."
-A mí tampoco.	" **XNeither like IX. / XNeither I like.X / XNeither I do. X / XNeither don't. X / XI don't, neither."X**
	"Neither do I." (o: **Nor do I.**) (o: "I don't, either.")
-Él no es muy inteligente.	"He's not very intelligent".
	"**XNeither isn't his sister.X XNeither his sister is."X**
-Su hermana, tampoco.	"His sister isn't, **XneitherX**."
	"Neither is his sister."
	(o: "Nor is his sister.")
	(o: "His sister isn't, either.")

(2) Para expresar 'ni... ni...' hay que poner **neither** antes de la primera alternativa y **nor** antes de la segunda alternativa; no se puede decir 'nor ... nor', y si la expresión va acompañada de un verbo, éste tiene que estar en afirmativo.

Ni John ni Martin aprobaron el examen.	**XNor John nor MartinX** passed the exam.
	XNeither John nor Martin didn't passX the exam.
	Neither John nor Martin passed the exam.

NERVOUS

En inglés usamos **to be nervous** si estamos preocupados por algo, por ejemplo la noche antes de un examen. En cambio decimos **to feel angry** o **annoyed** si otra persona hace o dice algo que consideramos ofensivo o estúpido.

Se puso muy nervioso cuando un coche chocó contra el suyo.	He got very **XnervousX** when another car bumped his.
	He got very angry when another car bumped his.
¡Tengo la entrevista mañana y estoy muy nervioso!	My interview is tomorrow and I'm really nervous!

NEVER ver también EVER

Never es siempre negativo. Ver **WORD ORDER (2)** para dudas sobre la posición de **never** en la frase. No podemos usar **never** con otra negativa en la misma frase (Ver **NEGATIVES**). Se confunde con **ever**, cuyo significado es **at any time** (en algún momento), sobre todo cuando acompaña el presente perfecto. Atención a la forma **hardly ever** (no 'hardly never') que se traduce como 'casi nunca'.

| *Es la ciudad más bonita que haya visto jamás.* | It's the most beautiful city I've **XneverX** seen. (significa que **no** has visto la ciudad!)
It's the most beautiful city I've *ever* seen. |
| *Nunca he visto una ciudad tan bonita.* | I've *never* seen such a beautiful city. |

Atención a la diferencia entre:

¿Has estado alguna vez en Paris?	Have you *ever* been to Paris? y...
¿Nunca has estado en Paris?	Have you *never* been to Paris? (expresando sorpresa)
Casi nunca sale (de casa).	He **Xhardly neverX** goes out. He hardly *ever* goes out.

NEWS ver también **NOTICE**

News (noticias) es singular e incontable (**new** es un adjetivo que significa 'nuevo'). Para traducir 'una noticia' hemos de decir **a piece of news, an item of news, some news**.

Acabo de oír una mala noticia.	I've just heard **Xa bad newX Xa bad news.X** I've just heard some bad news.
La noticia fue terrible: 300 muertos.	**XThe new wasX** / **XThe news wereX** terrible: 300 people killed. The news was terrible: 300 people killed.
Mira esta noticia: es muy interesante.	Look at this **XnewX**: it's very interesting. Look at this (piece of) news: it's very interesting.

NEXT

(1) **Next** se usa sin el artículo **the** y sin preposición cuando nos referimos a la semana / el mes / el año que viene.

| *Nos veremos la semana que viene.* | I'll see you **XtheX** next week.
I'll see you next week. |
| *Hemos quedado para el martes que viene.* | We're meeting **XonX** next Tuesday.
We're meeting next Tuesday. |

(2) Podemos utilizar **the** cuando nos referimos a **the next of a series**, tanto en pasado como en futuro y también cuando indica un periodo de tiempo que empieza ahora.

| *Se sacó el carnet de conducir en abril, y al mes siguiente se compró un Volvo nuevo.* | He passed his driving test in April, and the next month (he) bought a new Volvo. |

| Creo que los próximos 12 meses van a ser muy difíciles. | I think **the next year** (o: **the next twelve months**) will be very hard. |

(3) Mientras que en español la proximidad de una fecha se indica con 'el próximo', en inglés se usa solamente la fecha.

| El partido se jugará el próximo día 5 (de diciembre). | The match will be played **Xthe nextX** 5th December.
The match will be played **on (the) 5th (of)** December. |

NO, NOT

No es un determinante usado con un sustantivo. **Not** se usa para formar la negación de un verbo.

Puedo ir hoy pero mañana no.	I can go today but **Xno tomorrowX / Xtomorrow no.X** I can go today but **not** tomorrow.
No tenía ni idea.	He had **XnotX** idea (about it). He had **no** idea (about it).
La radio no tiene pilas.	There are **XnotX** batteries in the radio. There are **no** batteries in the radio. (o: There **aren't any** batteries in the radio).

¿NO? ver **TAG QUESTIONS**

NOBODY ver **NEGATIVES (1)**

NO ONE, NONE

No one y **none** se confunden a menudo. **No one** significa **nobody** y se refiere solamente a personas. No puede ir seguido de **of**. **None** puede referirse a personas o cosas y significa 'ninguno'.

Ninguno de mis amigos vino a verme al hospital.	**XNo oneX** of my friends came to visit me in hospital. **None** of my friends came to visit me in hospital.
-Cuántas novelas de Agatha Christie has leído? -Ninguna.	"How many Agatha Christie books have you read?" **X'No one.'X** 'None'.
Esperé una hora pero no vino nadie.	I waited for an hour but **no one / nobody** came.

NOR ver **NEITHER / NOR**

NOTE(S)

La palabra **note** en inglés significa un mensaje escrito, o los apuntes que se toman en una clase. Pero 'las notas' de un examen se traducen como **mark(s)**.

Estoy muy decepcionado: he sacado muy malas notas.	I'm very disappointed: I've got very bad **XnotesX.** I'm very disappointed: I've got very bad marks.
Dejo esta nota para John: por favor, díselo cuando venga.	I'm leaving this note for John: will you tell him when he comes?

NOTHING

(1) ver **NEGATIVES (1)**

(2) Algunos estudiantes creen erróneamente que la expresión **There is/was nothing to do** es siempre la traducción directa de 'no hay/había nada que hacer', pero de hecho esta frase solamente se usa cuando el hablante se refiere a una situación o lugar aburrido y se queja de la falta de diversión o instalaciones. Cuando la expresión en español indica que algo es imposible, en inglés se expresa de otra manera:

El pueblo era aburrido: no había nada que hacer.	The village was pretty boring: there was nothing to do.
Intentamos seguir el viaje pero no había nada que hacer: se había roto el motor.	We tried to continue our journey but the engine was broken and **Xthere was nothing to do.X** We tried to continue our journey but the engine was broken and it was impossible (to fix) / there was nothing we could do (about it).

NOTICE ver también TO REMARK

Notice es un aviso o un letrero. No es una noticia.

¿Has oído la noticia? Ha habido un terremoto en Japón.	Have you heard the **XnoticeX**? There's been an earthquake in Japan. Have you heard the news? There's been an earthquake in Japan.
Aviso: Este despacho está abierto al público entre las 10 y las 17 horas.	Notice: this office is open to the public between the hours of 10 a.m. and 5 p.m.

NOWADAYS

Usamos **nowadays** para describir una tendencia o una costumbre o una acción prolongada. No se utiliza cuando nos referimos a una acción que tiene lugar en un momento específico.

El jefe quiere verte ahora.	The boss wants to see you **XnowadaysX**. The boss wants to see you now.
Hoy en día va menos gente al cine.	Nowadays fewer people go to the cine (comparado con el pasado)

NUMBERS

Los errores más comunes con los números son:

(1) No usar **and** en las decenas

Está en la página 235.

It's on page **Xtwo hundred thirty-five.X**
It's on page two hundred and thirty-five.

(2) Usar **of** con la palabra **million** o la forma plural **millions** después de un número específico.

Cuesta dos millones de euros.

It costs two **Xmillions ofX** euros.
It costs two million euros.

En cambio si no mencionamos un número específico sí se puede decir **millions of**:

Hay millones de africanos muriéndose de hambre.

There are millions of Africans starving to death.

(3) El orden de las palabras en expresiones como 'los dos/tres primeros' etc.

Los dos primeros ejercicios son muy difíciles.

The **Xtwo firstX** exercises are very difficult.
The first two exercises are very difficult.

(4) La traducción de expresiones indicando cuánta gente hay/había en un sitio.

Éramos 20 en la fiesta.

XWe were 20 peopleX at the party.
There were 20 of us at the party.

Eran 6 en el grupo.

XThey were 6X in the group.
There were 6 of them in the group.

OFFER

Offer es la traducción de 'oferta' si estamos hablando, por ejemplo, de una propuesta para contratar a alguien, o de una tienda que vende artículos a un precio especial, pero cuidado con otros casos, por ejemplo si hablamos de 'oferta y demanda' o decimos que un lugar tiene 'una gran oferta' de hoteles u otros servicios.

La empresa le hizo una gran oferta.	*The company made him a great* offer.
¡Oferta! ¡Páguese 2 y llévese 3!	*Special* offer*! Buy 2 items and get a third free!*
Ya se sabe, es la ley de oferta y demanda.	*Well, as we all know, it's the law of* **XofferX** *and demand.* *Well, as we all know, it's the law of* supply *and demand.*
La ciudad tiene una buena oferta de tours y excursiones guiadas.	*The city has a good* **XofferX** *of guided tours and excursions.* *The city offers* a large number / a wide variety *of guided tours and excursions.*

TO OFFER

Decimos **to offer somebody something** o **to offer to do something (for somebody)** pero <u>no</u> se puede decir 'to offer somebody to do something'.

Le ofrecieron que se quedara algunos días en casa.	*They offered* **Xhim to stayX** *with them for a few days.* *They offered* to let him stay *with them for a few days.* *(o: They* offered him a bed *for a few days.)*
Se ofreció para ayudarles.	*He* **Xoffered them to helpX** *them.* *He* offered to help *them.*

ONE

Cuando utilizamos **one** con un sustantivo queremos decir 'uno solo', no dos o tres. Si nos referimos simplemente a un sustantivo indefinido singular debemos usar el determinante **a(n)**.

Vi a un hombre pasear por la calle.	I saw **XoneX** man walking down the street.
	I saw *a* man walking down the street.
Solamente había un coche parcado adelante del hotel.	There was only **XaX** car parked outside the hotel.
	There was only *one* car parked outside the hotel.

ONE TIME

Normalmente decimos **once**, y no **one time**, para indicar el número de veces que hacemos algo. **One time** normalmente significa 'en una ocasión'.

Sólo he estado una vez en Roma.	I've only been to Rome **Xone timeX**.
	I've only been to Rome *once*.
'Llame (Una Vez) Antes de Entrar.'	'Knock **XOne TimeX** And Enter'
	'Knock *Once* And Enter'.
Me acuerdo de una ocasión cuando era muy joven...	I remember *one time* when I was very young...

ONLY ver **ALONE**

OPENED

Opened es un verbo, el pasado de **to open** y solamente se usa para indicar la acción de abrir. El adjetivo es **open**, cuya forma no cambia nunca, bien se refiera al presente o al pasado.

La puerta ya estaba abierta cuando llegaron.	When they arrived, the door was already **XopenedX**.
	When they arrived, the door was already *open*.
La puerta fue abierta por el portero.	The door was *opened* by the caretaker.

OPPORTUNITY ver **CHANCE**

OR ver **NEITHER / NOR** (2)

Or es la traducción de 'o' pero para expresar 'o ... o', cuando se ofrecen dos alternativas, hay que poner **either** antes de la primera alternativa y **or** antes de la segunda alternativa; no se puede decir 'or ... or'.

Puedes ir a Oxford en tren o en autocar.	You can get to Oxford by train *or* coach.
Para postre hay fruta o helado.	For dessert you can have **Xor fruit or ice cream.X**
	For dessert you can have *either fruit or ice cream*.

OTHER(S)

(1) **Other** ('otro/a', 'otros/as') va siempre seguido de un sustantivo plural exceptuando cuando se usa con **the** y es específico (o sea, 'el otro'/ 'la otra'). Para expresar 'otro' con un sustantivo singular debemos usar **another**.

¿Puedes darme otro libro?	*Can you give me **XotherX** book?*
	Can you give me another book?
Vi a María el otro día.	*I saw Mary the other day.*
Compré una silla, un armario y otras cosas.	*I bought a chair, a wardrobe and other things.*

(2) **Others** es un pronombre, no un adjetivo.

Vi a Paul, a John y a otros amigos.	*I saw Paul, John and **XothersX** friends.*
	I saw Paul, John and other friends.
A algunos les gustan las películas de acción: otros prefieren historias de amor.	*Some people like action films: others prefer romantic films.*

(3) Usamos **another** y no 'other' con un sustantivo plural si va acompañado de un número o de **few**.

Voy a quedarme aquí 3 días más.	*I'm going to stay here **XotherX** three days.*
	I'm going to stay here another three days.
Tenemos que hacer algunos cambios adicionales.	*We need to make **XotherX** few changes.*
	We need to make another few changes.

OTHERWISE ver también **UNLESS**

Algunos estudiantes confunden **otherwise** y **unless**. **Unless** quiere decir **if ... not** y se utiliza al principio de una claúsula, tanto si la claúsula es la primera de la frase como si aparece más adelante en la frase.

Otherwise también significa **if ... not** pero en el sentido de **'or else'** ('si no es así'); por ejemplo, explicando qué pasará /habría pasado si otra acción previa no pasa /no hubiese pasado. Por lo tanto, **otherwise** no se utiliza en la primera claúsula de una frase.

Si no estudias a tope no aprobarás el examen.	*X**Otherwise**X you study really hard, you won't pass the exam.*
	Unless you study really hard, you won't pass the exam. (o: You won't pass the exam unless you study really hard.)
	You'll have to study really hard, otherwise you won't pass the exam.

OUGHT TO

Ought to tiene prácticamente el mismo sentido que **should** cuando hablamos de obligación o probabilidad o cuando damos consejos. Es el único verbo modal auxiliar que puede ir seguido de **to**.

Deberías echarte si te duele la cabeza.

*You **Xought lie downX** if you've got a headache.*

You ought to lie down if you've got a headache.

PAPER

Paper en inglés significa simplemente el material que se usa para hacer libros, libretas, etc., **Paper** es también una abreviación de **newspaper**. Es incontable: 'una hoja' es **a sheet / piece of paper**. 'Un papel' en el cine o en el teatro se traduce por **role** o **part** y va acompañado del verbo **to play**.

¿Qué periódico lees?	*What (news)paper do you read?*
¿Me dejas una hoja?	*Can you give me **Xa paperX**?*
	Can you give me a sheet / piece of paper?
¿Qué papel hizo en esa película?	*What **XpaperX** did she **XmakeX** in the film?*
	What part/role did she play in the film?

PARENTS ver **FATHERS**

PARTICULAR

Particular significa **specific** o **in particular**. Para traducir el vocablo español 'particular' cuyo significado es 'no público' debemos decir **private**.

Estudia francés con un profesor particular.	*He studies French with a **XparticularX** teacher.*
	He studies French with a private teacher.
¿Qué titulación se exige para este trabajo, en concreto?	*What particular qualifications are required for the job?*

PARTY

Cuando vamos a una fiesta decimos **to go to a party**, en cambio cuando estamos en una fiesta utilizamos **to be at a party** (no **in**). Si alguien organiza una fiesta, decimos **to have a party** - no 'do', 'make' o 'celebrate' **a party**.

Hubo mucha gente interesante en la fiesta.	*There were a lot of interesting people **XinX** the party.*
	There were a lot of interesting people at the party.
Hicimos/celebramos una fiesta para el cumpleaños de Mary.	*We **Xmade/didX** a party for Mary's birthday.*
	We had a party for Mary's birthday.

TO PASS ver también **TO SPEND**

(1) Decimos que **time passes** pero que **someone spends time doing something** (con la excepción de la expresión **to do something to pass the time,** la cual indica que el sujeto está aburrido y no indica cuánto tiempo la acción se prolongará.)

Pasé un fin de semana muy bonito en la Costa Brava.	*XI passedX a lovely weekend on the Costa Brava.* *I spent a lovely weekend on the Costa Brava.*
El tiempo pasa muy rápido.	*Time passes very quickly.*
Mientras esperaban, jugaban a cartas para pasar el tiempo.	*While they were waiting, they played cards to pass the time.*

(2) no se utiliza el verbo **to pass** en frases donde el significado es 'arreglárselas' o 'tener suficiente': en estos casos la traducción correcta sería **to manage** o **to get by**

Yo creo que podremos pasar con 50–60€ diarios cuando lleguemos a Tailandia.	*I think we can XpassX with 50–60€ a day when we get to Thailand.* *I think we can manage (o: get by) with /on 50-60€ a day when we get to Thailand.*

PATH ver **WAY (1)**

TO PAY (FOR) ver también **TO INVITE**

(1) El verbo **to pay** debe ir seguido de **for** cuando nombramos lo que hemos comprado.

¿Has pagado la cámara?	*Have you paid Xthe camera?X* *Have you paid for the camera?*
He pagado la cuenta.	*I've paid the bill.* (no se compra la factura.)

(2) Va seguido de **to** cuando lo usamos relacionado con personas.

La empresa paga a sus empleados a finales de mes.	*The company Xpays toX its employees at the end of the month.* *The company pays its employees at the end of the month.*

(3) No es correcta la frase 'pay for somebody something'. En su lugar debemos usar **to buy somebody something** (por ejemplo una cena o un café).

Te pago una copa/Te invito a una copa.	**X I'll pay you a drinkX / X I'll pay for a drink for you. X** *I'll buy you a drink.*

PEOPLE

(1) **People** va acompañado de la forma plural del verbo.

En este pueblo la gente es muy simpática.	*The people in this village* **XisX** *very friendly.* *The people in this village* are *very friendly.*
¿Cuántas personas resultaron heridas en el accidente?	*How many people* **XwasX** *hurt in the accident?* *How many people* were *hurt in the accident?*

Hay que recordar que **the** no se utiliza cuando nos referimos a 'gente en general':

La gente siempre aspira a vivir mejor.	**XThe peopleX** *always want to live better* (o: *always want to have a higher standard of living.*) People *always want to live better* (o: *always want to have a higher standard of living.*)

(2) La traducción normal de 'todo el mundo' es **everyone** or **everybody**. **All the people** se utiliza para referirse a un grupo concreto de personas.

A todo el mundo le gusta bañarse en verano.	**XAll the peopleX** *likes/enjoys having a swim in summer.* Everyone / everybody *likes/enjoys having a swim in summer.*
(En la foto) todos parecen preocupados.	All the people *(in the photo) seem worried.*

PERSONS

Normalmente usamos la forma plural de **person** solamente en lenguaje formal. Es mucho más común utilizar **people**.

Había unas 20 personas en la cola.	*There were about* **20 persons** *in the queue.* (poco corriente) *There were about* 20 people *in the queue.*
'Peso máximo: 4 personas.'	*'Weight limit:* 4 persons.' (cartel en un ascensor).

PHOTO(GRAPH)

Decimos **to take** (y no **to make**) **a photograph**.

¿Hiciste muchas fotos durante las vacaciones?	Did you **XmakeX** many photos on your holidays? Did you *take* many photos on your holidays?

TO PICK (UP) ver también **TO CATCH**

Para traducir el verbo español 'recoger' hay que ir con cuidado porque decimos **to pick** si se trata de recolectar frutos, coger la cosecha, coger flores etc.) pero hay que utilizar **to pick up** si nos referimos a la acción de coger algo que se ha caído al suelo, y también cuando significa ir a buscar a alguien (o algo) donde se sabe que se encuentra para recogerlo y llevárselo consigo (una persona en el aeropuerto o en su casa, un paquete en Correos etc).

Fíjate también que cuando **to pick up** va acompañado de un sustantivo, sin oración subordinada, se puede expresarlo de dos formas: **to pick a/b/c up** o bien **to pick up a/b/c**. Sin embargo si el verbo va acompañado de un pronombre, éste tiene que ir forzosamente entre 'pick' y 'up'; no puede ir detrás de 'up'.

Recogimos flores silvestres en el bosque.	We **Xpicked upX** wild flowers in the woods. We *picked* wild flowers in the woods.
Se agachó para recoger las llaves que se le habían caído.	He bent down to *pick up* the keys (that) he had dropped.

(aquí no se pone **up** al final de la frase porque iría detrás de la oración subordinada '(that) he had dropped' en vez de 'keys')

Tengo que ir al aeropuerto a las 8 para recoger a mi hermano.	I have to go to the airport at 8 to *pick up* my brother. (o: to *pick* my brother up.)
Paso a recogerte a las 7.30.	I'll **Xpick up youX** at your house at 7.30. I'll *pick you up* at your house at 7.30.

PILOT

En ingles la palabra **pilot** indica un **piloto de avión**. Para indicar un piloto de un coche de carreras usamos el vocablo **(racing) driver**.

Sebastian Vettel es un gran piloto.	Sebastian Vettel is a great **XpilotX**. Sebastian Vettel is a great *(racing) driver*.

PLAY

'Jugar' es **to play** pero para expresar 'un juego' decimos **a game** y 'un juguete' es **a toy**. El sustantivo **a play** se refiere a una obra de teatro.

El frontón es un juego tradicional del País Vasco.	*Frontón is a traditional **XplayX** in the Basque Country.* *Frontón is a traditional game in the Basque Country.*
El niño jugaba contento con sus juguetes.	*The baby was playing happily with his toys.*
Para mí, Macbeth es la mejor obra de Shakespeare.	*I think Macbeth is Shakespeare's best play.*

PLENTY

Plenty (of) expresa cantidad y se usa con sustantivos incontables o en plural. No se puede utilizar como un adjetivo para describir un espacio (por ejemplo una habitación o un autobús) que contiene una gran cantidad de personas: en este caso debemos usar **full** o **crowded**.

La playa estaba llena.	*The beach was **Xplenty ofX** people.* *The beach was full of people. (o: The beach was crowded.) (o: There were plenty of people on the beach.)*
El cuarto estaba tan lleno que apenas podía moverme.	*The room was so **XplentyX** that I could hardly move.* *The room was so full/crowded that I could hardly move.*
Tenemos pan y queso de sobra pero necesitamos más mantequilla.	*We have plenty of bread and cheese but we need more butter.*

POLICE

The police se refiere al cuerpo de seguridad y va seguido por un verbo en plural. El individuo es **a policeman / policewoman**, que toma el verbo en singular.

La policía es muy dura aquí.	*The police **XisX** very strict here.* *The police are very strict here.*
Un policía me pidió el carnet de conducir.	*A **XpoliceX** asked to see my driving licence.* *A policeman asked to see my driving licence.*

POSSIBLE

Es muy poco común oír en inglés la expresión **it is possible** cuando queremos expresar una acción posible que sucederá en el futuro. Para esto usamos **might** o **may** seguidos de un infinitivo sin **to**.

Es posible que me vaya fuera el próximo fin de semana.	***XIt is possible that I willX** go away next weekend.* *I might/may go away next weekend.*

TO PREFER

El verbo **to prefer** debe ir seguido de **to** y no de **than**.

Prefiero el fútbol al tenis.	*I prefer football **XthanX** tennis.* *I prefer football **to** tennis.*
Prefiere comer fuera a preparar la comida en casa.	*He prefers eating out **XthanX** making meals at home.* *He prefers eating out **to** making meals at home.*

TO PREPARE

Podemos decir **to prepare a meal** o **to prepare a class** o **to prepare a room**. En cambio para decir que vamos a preparar una fiesta usaremos la expresión **to prepare things for a party** o **to get (everything) ready for a party**. En el caso de un examen la frase correcta es **to study for an exam** (aunque a veces se dice **to prepare** <u>for</u> **an exam**.)

Durante toda la tarde preparamos la fiesta.	*We **XpreparedX** the party all afternoon.* *We **got (things) ready for** the party all afternoon.*
No puedo salir este fin de semana, tengo que preparar un examen.	*I can't go out this weekend, I have to **XprepareX** an exam.* *I can't go out this weekend, I have to **study for** an exam.*
Los anfitriones prepararon una cena magnífica.	*The hosts **prepared** a magnificent dinner.*

PRESCRIPTION ver **RECEIPT** y **RECIPE**

PRESENTLY

Presently o **shortly** significan 'pronto', 'dentro de unos momentos' y no 'ahora', 'en este momento'.

Actualmente vivimos en Viena.	***XPresentlyX**, we are living in Vienna.* ***At the moment** (o: **At present**) we are living in Vienna.*
La cena estará lista dentro de poco.	*Dinner will be ready **presently** / **shortly** / **soon**.*

PRESENT PERFECT SIMPLE

(1) El presente perfecto, pero nunca el presente simple, se usa para describir una acción que empezó en el pasado y continúa hasta el presente.

Hace 3 años que vivo en Barcelona.	***XI liveX XI'm livingX** in Barcelona for 3 years.* *I've lived / I've been living in Barcelona for 3 years.*

(2) No usamos el presente perfecto cuando hablamos de una acción terminada que tuvo lugar en un momento específico, sino el pasado simple. Con todo, usamos el presente perfecto si la acción tuvo lugar en el pasado en un momento no determinado y esta acción está relacionada con el presente.

Estuve en Tailandia en 1985.	**X***I've been***X** *in Thailand in 1985.*
	I was in Thailand in 1985.
	(momento concreto)
He estado en Tailandia varias veces.	**X***I was***X** *in Thailand several times.*
	I've been to / in Thailand several times.
	(no se sabe cuándo exactamente)

(3) Usamos el presente perfecto si el periodo de tiempo del cual estamos hablamos no ha acabado.

Compara:

Te he llamado esta mañana pero no estabas.	**X***I've phoned***X** *you this morning, but you weren't in.*
	I phoned you this morning, but you weren't in.
	(ahora son las 7 de la tarde.)

Con:

He trabajado mucho esta mañana.	**X***I worked***X** *a lot this morning.*
	I've worked a lot this morning.
	(son las 11.30.)
	I worked a lot this morning.
	(ahora son las 4 de la tarde.)

PRESENT PERFECT CONTINUOUS

En la mayoría de los casos podemos usar el presente perfecto continuo de la misma manera que el presente perfecto simple, aunque la forma continua, lógicamente, pone énfasis en la continuidad de la acción. Sin embargo la forma continua no puede emplearse en los siguientes casos:

(1) Cuando queremos expresar la idea de una acción que acaba de terminar.

Acabo de terminar ese libro.	*I've (just) finished (reading) that book.*

(2) Cuando decimos el número de veces que una acción ha sucedido o el número de cosas que se han hecho.

Compare:

Esta mañana he fumado 10 cigarrillos.	*I've smoked ten cigarettes this morning.* (son las 11.30).

Con:

He estado fumando toda la mañana.	*I've been smoking all morning.*

PRESERVATIVE(S)

Este vocablo es otro 'falso amigo' y podría ocasionar algún malentendido embarazoso porque en inglés significa 'conservante(s)' o 'aditivo(s)'. 'Preservativo' / 'condón' en cambio se traduce por **condom**.

El uso del preservativo en las relaciones sexuales suele ser un método eficaz para prevenir las enfermedades de transmisión sexual y/o para evitar un embarazo no deseado.	*The use of a **XpreservativeX** during sexual relations is usually an efficient method of preventing sexually-transmitted diseases and/or of avoiding an unwanted pregnancy.*
	The use of a condom during sexual relations is usually an efficient method of preventing sexually-transmitted diseases and/or of avoiding an unwanted pregnancy.
Este producto está libre de conservantes.	This product contains no preservatives. (o: additives)

TO PRETEND

To pretend significa 'disimular' o 'fingir'. No lo podemos traducir como 'pretender hacer'; para esto usamos **to try** o **to aim**.

¿Qué pretendes conseguir?	*What are you **XpretendingX** to achieve?*
	What are you trying to achieve?
Pretende llegar lo más alto posible en su profesión.	*She is aiming to reach the top of her profession.*
El niño fingió estar enfermo porque no tenía ganas de ir al colegio.	*The little boy pretended he was ill because he didn't want to go to school.*

TO PREVENT ver **TO AVOID**

PRIVATE ver **PARTICULAR**

PROFESSOR

En inglés, un **professor** es un profesor universitario que también tiene un cargo de responsabilidad en una facultad: por lo tanto, **professor** es la traducción de 'catedrático'. Una persona que da clases en la universidad pero que no es catedrático es un/a **lecturer**. **Teachers** (profesores) trabajan en institutos, colegios, academias etc.

Nuestro profesor de inglés es un joven estudiante de Bristol.	*Our English **XprofessorX** is a young student from Bristol.* *Our English teacher is a young student from Bristol.*
En mi universidad algunos profesores claro.	*In my university, some of the no hablan **XprofessorsX** don't speak very clearly.* *In my university, some of the lecturers don't speak very clearly.*
Es catedrática en la facultad de Derecho de la Universidad de Leeds.	*She is a professor of Law at Leeds University.*

TO PROVE

To prove significa 'probar de una manera estadística y científica'. Pero usamos **to try** para decir que probamos una bebida o una comida y **to try on** cuando nos probamos ropa.

¿Quieres probar esta sopa?	*Would you like to **XproveX** this soup?* *Would you like to try this soup?*
Se probó el vestido.	*She **XprovedX** the dress.* *She tried the dress on.*
La policía demostró que el sospechoso había mentido.	*The police proved that the suspect had lied.*

TO PUT AWAY ver TO KEEP

TO PUT ON ver TO DRESS

TO PUT UP WITH ver TO SUPPORT

QUESTION

Decimos **to ask a question**, no 'to make a question'.

Me hizo muchas preguntas.	She **Xmade meX** a lot of questions. She *asked me* a lot of questions.

QUITE

(1) **Quite** tiene dos significados:

(a) Cuando se usa con un adjetivo 'extremo', por ejemplo **impossible, brilliant, superb, exhausted**, significa 'totalmente'. Normalmente se enfatiza la palabra **quite**.

La orquesta es magnífica.	The orchestra is <u>quite</u> brilliant.
Los viernes por la noche normalmente me siento totalmente exhausto.	By Friday evening, I generally feel <u>quite</u> exhausted.

(b) Cuando significa 'moderadamente' (esto es el significado más frecuente de **quite**). No se enfatiza la palabra **quite**.

El libro es bastante bueno pero no es el mejor de los que ha escrito.	The book is *quite* good, but not his best.

(2) **Rather** tiene un significado similar a (1)(b) pero lo usamos en un sentido más contundente que **quite**, tanto positivamente como negativamente.

Es un poco bajo para jugar al baloncesto.	He's **quite** small to play basketball. He's *rather* small to play basketball.
Hay demasiada gente aquí: ¿por qué no salimos fuera?	It's *rather* crowded in here – let's go outside.
Me gusta este libro.	This book is *rather* good.

(es posible utilizar **quite** en estas frases, pero **rather** pone más enfasis.)

(3) En frases comparativas, no podemos usar **quite**, solamente **rather**.

Su nueva película es bastante mejor que la que hizo hace diez años.	His new film is **Xquite betterX** than the one he made ten years ago. His new film is *rather better* than the one he made ten years ago.

TO RAISE ver **TO RISE**

RARE

Rare significa 'raro', 'no común'. 'Una persona rara' es **a strange** (o **funny**) **person**.

Es una persona muy rara.	*He's a very **XrareX** person.*
	He's a very strange person.
El águila imperial es rara en esta zona del país.	*The Imperial Eagle is rare in this part of the country.*
Mi primo nos visitó la semana pasada por primera vez en mucho tiempo.	*We had a rare visit from my cousin last week.*

RATHER, I'D (ver también **QUITE** (3) y (4))

I would rather (**I'd rather**) significa 'preferiría' y nunca va seguido de **to**.

-¿Te apetece salir esta noche?-	*"Would you like to come out tonight?"*
-No gracias, prefiero quedarme en casa.	*"No, thanks, I'd rather **Xto stayX** at home."*
	"No, thanks, I'd rather stay (o: I'd prefer to stay) at home."

REASON

El sustantivo **reason** a menudo es la traducción correcta de **razón** en castellano. Sin embargo, no se utiliza con el sentido de **tener razón** o **dar la razón:**

Tienes razón.	***X You have (the) reason.X***
	You are (You're) right.
Te doy la razón.	***X I give you the reason.X***
	(I think) you're right.
Me explicó la razón por la que se fue a vivir a otra ciudad	*He told me the reason why he went to live in another town / city.*

RECEIPT

Cuando compras algo en una tienda te dan un 'ticket de compra' (en inglés, **receipt**). El médico te da una receta (**prescription**) para comprar medicamentos. Mucha gente cocina siguiendo una receta (**recipe**). En un restaurante o en un hotel pagamos la cuenta (**bill**). Pagamos cada mes la factura del gas, de la electricidad, etc. (**bill**).

El médico me dió una receta para comprar pastillas.	The doctor gave me a **XreceiptX** for some tablets. The doctor gave me a *prescription* for some tablets.
¡El pastel estaba buenísimo! ¿Me das la receta?	That cake was delicious! Can you give me the **XreceiptX**? That cake was delicious! Can you give me the *recipe*?
¡No te olvides de pagar el recibo del gas!	Don't forget to pay the gas **XreceiptX**! Don't forget to pay the gas *bill*!
He perdido el recibo de la radio que compré la semana pasada.	I've lost the *receipt* for the radio I bought last week.

REFLEXIVE PRONOUNS (PRONOMBRES REFLEXIVOS)

Un error muy común es usar el pronombre personal **me** en lugar del pronombre reflexivo después de un verbo reflexivo.

Me corté cuando me afeitaba.	I cut **XmeX** while I was shaving. I cut *myself* while I was shaving.
Todos debemos preguntarnos cómo podemos ayudar a los que pasan hambre.	We must all ask **XusX** how we can help the starving. We must all ask *ourselves* how we can help the starving.
Se miró en el espejo.	He looked at *himself* in the mirror.

TO REFUSE ver **TO DENY**

TO RELAX

En ingles **to relax** es usado solamente como verbo, no como nombre. Además, el verbo no es reflexivo.

Necesito relajarme.	I need **Xa relaxX**. / I need **Xto relax meX** / I need **Xto relax myselfX**. I need *to relax*.
Relájate, tómatelo con calma.	*Relax*, take it easy.

TO REMARK

To remark es un verbo declarativo, no un verbo de visión (que sería **to notice**). Normalmente se usa después de una frase en estilo directo en inglés escrito cuando es una alternativa de **said**.

No vi nada extraño en la casa.	I didn't **XremarkX** anything strange about the house.

| | I didn't notice anything strange about the house. |
| -Qué día más bonito – dijo. | "It's a lovely day," he remarked. |

TO REMEMBER

Muchas veces se confunden los verbos **to remember** y **to remind.**

(1) **To remember** es recordar una persona, un lugar, una acción pasada, haber hecho algo.

No recuerdo nada de la película.	I can't **XremindX** anything about the film.
	I can't remember anything about the film.
Tengo que acordarme de llamar a John.	I must **XremindX** to ring John.
	I must remember to ring John.
Recuerdos a tus padres.	**XRemindX** me to your parents.
	Remember me to your parents.

(2) **Remind** significa 'recordar' cuando recuerdas a alguien que haga algo, o algo te recuerda a algo. **To remind** siempre va seguido de un nombre o un pronombre. Si una persona / un lugar / una foto etc 'te recuerda a alguien o algo', en inglés lo expresamos con la preposición **of** (X **reminds me of** Y).

Recuérdame que eche esa carta al correo.	**XRememberX** me to post that letter.
	Remind me to post that letter.
Esa foto me recuerda a un viejo amigo mío.	That photo **Xremembers meX** / **Xremembers me toX** / **Xreminds meX** an old friend of mine.
	That photo reminds me of an old friend of mine.

(3) Cuando recordamos algo hecho en el pasado decimos **to remember doing something**. Para referirnos a una acción futura decimos **to remember to do something**.

¿Te acuerdas cuando tuvimos que esperar 10 horas en el aeropuerto?	Do you remember **Xto waitX** 10 hours at the airport?
	Do you remember waiting 10 hours (o: when we waited 10 hours) at the airport?
Acuérdate de apagarlo todo antes de marchar.	Remember **XswitchingX** everything off before you leave.
	Remember to switch everything off before you leave.

TO REMIND ver **TO REMEMBER**

TO RENT

To rent es 'alquilar'. Alquilamos un piso o una casa para vivir en ellos. Cuando somos nosotros quienes alquilamos un piso a otra persona decimos **to let (a flat / an apartment) out**.

Mientras estaba en EE.UU. alquiló su piso.	He **XrentedX** his flat out while he was in the United States.
	He **let** his flat **out** while he was in the United States.
Busca un piso de alquiler.	He's looking for a flat to **rent**.

REPORTED QUESTIONS (PREGUNTAS INDIRECTAS)

(1) Los verbos **do** y **did**, que aparecen en preguntas directas, no se pueden usar en preguntas indirectas.

-¿Dónde vives? – me preguntó.	'Where do you live?' he asked.
Me preguntó dónde vivía.	He asked me where **Xdo/did I liveX**.
	He asked me where I **live/lived**.
-¿Qué hiciste el fin de semana pasado? –	"What did you do last weekend"?
Le preguntó qué había hecho el fin de semana pasado/anterior	She asked him what **Xdid he doX** last weekend.
	She asked him what **he did** last weekend.
	(o: what **he had done the previous weekend**).

(2) El verbo **to be** que en las preguntas directas antecede el sujeto vuelve a colocarse detrás del sujeto.

-¿Dónde está la estación? - preguntó.	"Where is the station?" he asked.
Preguntó dónde estaba la estación.	He asked where **XwasX** the station.
	He asked where the station **is** / **was**.
-¿Dónde viven ahora?-	"Where are they living now?"
Preguntó dónde viven ahora.	She asked **Xwhere are theyX** living now.
	She asked where **they are** living now.

RESPONSIBLE

Esta palabra presenta tres problemas básicos:

(1) La ortografía: las últimas cuatro letras son **-ible**, no **-able**.

(2) Va seguida de la preposición **for** y no **of**.

(3) No es un sustantivo. Para traducir 'el responsable' decimos **the person responsible for** o **the person in charge of** o bien **the manager** o **the head of...**

El hombre es el responsable del calentamiento global.	**XMan is the responsable ofX** global warming. Man is *responsible for* global warming.
¿Quién es el responsable de la sección de finanzas?	**XWho is the responsable forX** the finance department? *Who is in charge of* / *Who is the head of* the finance department? (o: *Who is the person responsible for* the finance department?)

TO REST

To rest significa 'relajarse', 'tomárselo con calma', 'no trabajar'. No significa 'quedarse' o 'estar', que se traducen por **to stay**.

No salgo esta noche; me quedo en casa.	I'm not going out tonight: I'm going to **XrestX** at home. (esto quiere decir 'voy a descansar en casa') I'm not going out tonight: I'm going to *stay* at home.
El médico me ha dicho que debo descansar en casa.	The doctor has told me I must *rest* at home.

RESUME

Otro 'false friend'; no significa 'resumir' sino reanudar una actividad después de una pausa:

Si tengo que resumir en una palabra lo que siento por él sería 'admiración'.	If I have to **XresumeX** in one word what I feel about him, it would be 'admiration'. If I have to *sum up* / *summarize* in one word what I feel about him, it would be 'admiration'.
Se reanudó la reunión después del almuerzo.	The meeting *resumed* after lunch.

REUNION

En inglés el vocablo **reunion** tiene un significado muy específico, por ejemplo, una reunión de antiguos alumnos, **an old school reunion**. Para traducir 'reunión de trabajo' usamos la palabra **meeting**.

Tengo una reunión (de negocios) a las 9.	I have a business **XreunionX** at 9.00. I have a business *meeting* at 9.00.
La reunión anual de los Veteranos de Guerra tendrá lugar en abril.	The Annual War Veterans' *reunion* will take place in April.

TO RISE

To rise (**rose, risen**) es un verbo intransitivo (no puede ir acompañado de un complemento directo). En cambio, el verbo regular **to raise** es transitivo por lo que debe ir acompañado de un complemento directo.

NB: **Rise** también significa 'levantarse', aunque en inglés moderno no es muy común – normalmente se utiliza **to get up**.

En verano el sol sale a las 5.	*In summer, the sun **XraisesX** at 5 a.m.* *In summer, the sun rises at 5 a.m.*
Si sabes la respuesta, levanta la mano.	*If you know the answer, **XriseX** your hand.* *If you know the answer, raise your hand.*
Suelo levantarme a las 7.30.	*I normally get up at 7.30.* *I normally rise at 7.30.* (muy poco frecuente)

TO ROB

Para decir que han robado a una persona o que han atracado un banco o una tienda usamos el verbo **to rob**. Cuando han robado algo, un objeto de valor etc., utilizamos el verbo **to steal**. Ver **TO STEAL**.

Le robaron su coche nuevo.	*His new car was **XrobbedX**.* *His new car was stolen.*
Me robaron en Londres la semana pasada.	*I was **XstolenX** in London last week.* *I was robbed in London last week.*
Cinco hombres robaron el banco. Robaron $5000.	*Five men robbed the bank.* *They stole $5000.*

TO RUN

En inglés decimos **to go for a run / to go running / to go jogging** para describir una actividad realizada por mucha gente para mantenerse en forma. La palabra 'footing' no existe.

Hago footing tres veces por semana.	*X**I do footing**X three times a week.* *I go running / jogging three times a week.*

S

SAFE ver **SURE**

SAME

(1) **Same** siempre va acompañado por **the**. Antes de un nombre o pronombre usamos **as**, no **than** o **that** (aunque **that** puede ir delante de una oración).

A él le gusta la misma música que a mí / a su hermano.	He likes the same music **Xthat/thanX** me / his brother.
	He likes the same music *as* me / *as* his brother.
Para él, era el mismo problema de siempre.	It was the same problem (**that**) he had always had.

(2) La traducción de 'da igual', 'me da lo mismo' es **it doesn't matter** y no 'it's the same' (aunque existe la expresión **it's all the same to me**).

-¿Qué día te va mejor, el sábado o el domingo?	"Which day is better for you - Saturday or Sunday?"
-(Me) da igual.	**X"It's /Is the same"X.**
	"It doesn't matter." (o: "it's all the same to me").

(3) Para traducir 'mismo' (en 'uno mismo' por ejemplo), usamos el pronombre reflexivo **myself, himself**, etc. y no 'the same'.

Los mismos Reyes le recibieron en la puerta.	The **XsameX** King and Queen met him at the door.
	The King and Queen **themselves** met him at the door.

TO SAY

To say y **to tell** se confunden con facilidad.

(1) **To say** nunca va seguido directamente de un nombre o pronombre acusativo (**me, him, them, the man** etc). Si hay un nombre o pronombre acusativo debemos añadir **to** antes de él pero solo si es un comentario y no cuando se trata de compartir información.

Me dijo que era de Londres. was from	She **XsaidX Xsaid toX** me (that) she London.
	She **told** me (that) she was from London. (información)

-Buenos días- les dijo a todos.

"Good morning," she said
XeverybodyX.
"Good morning," she said **to** everybody.
(esto es un comentario)

(2) Decimos **to tell a story, the truth, the time**... en estos casos no podemos usar el verbo **to say**.

Siempre deberías decir la verdad.

You should always **XsayX** the truth.
You should always **tell** the truth.

-Papá, ¡cuéntanos un cuento!

"**XSayX** us a story, dad!"
"**Tell** us a story, dad!"

(3) No se puede utilizar en preguntas indirectas u órdenes.

Me preguntó si quería ir al teatro.

She **XsaidX** me if I wanted to go to the theatre.
She **asked** me if I wanted to go to the theatre.

Les dije que se dieran prisa.

I **XsaidX** them to hurry up.
I **told** them to hurry up.

TO SEEM

(1) **To seem** se puede traducir como 'parecer', pero solamente con un sentido general. Si nos referimos a una idea visual es preferible usar **to look**. Si hablamos de la impresión que hemos tenido sobre una persona a partir de la información que nos han dado sobre ella usamos el verbo **to sound**.

-¡Qué foto más buena! Parece un pueblo muy bonito.

What a great photo! It **XseemsX** a very nice village!
What a great photo! It **looks** a very nice village!

-Por lo visto has pasado unas vacaciones estupendas.

"Your holiday **XseemsX** great."
"Your holiday **sounds** great."

Por lo que dices tu jefe es simpático. (yo no lo conozco).

From what you say, your boss **XseemsX** a nice man.
From what you say, your boss **sounds** (like) a nice man.

Tu jefe parece simpático.
(Acabo de conocerlo y es mi primera impresión).

Your boss **seems** a nice man.

(2) Los verbos **to seem, to look** y **to sound** van acompañados de adjetivos no de adverbios.

Tu nuevo trabajo parece bueno.

Your new job sounds **XwellX**.
Your new job sounds **good**.

La casa es/parece bonita.

The house looks **nice**.

(3) Antes de un sustantivo que no vaya acompañado de un adjetivo, debemos usar **to seem to be** o **to look like**.

Parece que es el jefe.	He **XseemsX** *the manager.* He *seems to be the manager.* (o: He *looks like the manager.*)

SENSIBLE

Sensible significa 'sensato'. Para traducir 'sensible' en inglés usamos el vocablo **sensitive**.

No le critiques, es muy sensible.	*Don't criticise him – he's very* **XsensibleX**. *Don't criticise him – he's very* sensitive.
Esa chica es muy sensata, tiene mucho sentido común.	*She's a very* sensible *girl – she has a lot of common sense.*

SENSITIVE ver **SENSIBLE**

SERIOUS ver **IMPORTANT**

SHOPPING ver **TO BUY**

SHOULD ver **MODAL AUXILIARY VERBS**

TO SHOUT ver **TO CRY**

SICK ver **ILL (2)**

SIGHT (ver también **VIEW**)

Muchas veces se confunden **sight** y **view**. **Sight** se traduce como 'vista' cuando se refiere a la facultad de ver pero una vista panorámica, por ejemplo, sería '**a panoramic view**'. Se dice **sight** para referir a algo digno de ver; por ejemplo, **the sights (of the city)** son los monumentos o edificios que todos los turistas quieren ver, de ahí **to go sightseeing**.

La vista desde el cima de la montaña fue impresionante.	*There was a wonderful* **XsightX** *from the top of the mountain.* *There was a wonderful* view *from the top of the mountain.*
El Coliseo de Roma es realmente digno de ver.	*The Colosseum in Rome is a magnificent* sight.

SIMILAR

La preposición que sigue a **similar** es **to**, no **than**.

Tu bolso es muy parecido al mío.	*Your bag is very similar* **XthanX** *mine.* *Your bag is very similar* to *mine.*

| El portugués escrito es bastante parecido al español. | Written Portuguese is quite similar **XthanX** Spanish.
Written Portuguese is quite similar to Spanish. |

SIMPLE PAST ver **PRESENT PERFECT SIMPLE**

SINCE ver también **FOR** (1) y **FROM** (2)

Since se confunde muchas veces con **for** y **from**.

(1) **For** acompañado del presente perfecto o pasado perfecto, nunca del presente, indica cuanto tiempo ha durado una acción. **Since** indica el momento en el tiempo en que empezó una acción.

Hace 3 años que aprende inglés. (aprende inglés desde 2013/julio/ las pasadas Navidades etc.)	She has been learning English **XsinceX** 3 years **Xago.X** She has been learning English for 3 years. (o: since 2013/July/last Christmas, etc.)
Hacía 45 minutos que le esperaba cuando por fin llegó.	I'd been waiting **XsinceX** 45 minutes when he finally arrived. I'd been waiting for 45 minutes when he finally arrived. (o: I'd been waiting since 8.00 etc.)
Llevo esperando desde las 4. (y aún estoy esperando)	I **Xam waitingX** since 4.00. I have been waiting since 4.00. (aún estoy esperando)

(2) Si la situación de la que hablamos ya ha acabado o se emplaza en el futuro usamos **from** en lugar de **since**. En muchas ocasiones **from** se usa con **till / until** cuando queremos indicar cuando la acción empezó/empezará y cuando acabó/acabará.

| Estaré en el despacho a partir de las 3 si quieres llamarme. | I'll be at the office **XsinceX** 3.00 if you want to ring me.
I'll be at the office from 3.00 if you want to ring me. |
| Me quedé allí desde el viernes hasta el lunes. | I stayed there **XsinceX** Friday to/till/until Monday.
I stayed there from Friday to/till/until Monday. |

SO (1)

So se usa para calificar un adjetivo o un adverbio si no van acompañados de un sustantivo. **Such (a)** debe ir delante de un sustantivo o delante de un adjetivo y un sustantivo juntos.

¡Es una ciudad tan tranquila!	It is **Xa soX** quiet town.
	It is *such a* quiet town.
No me gusta la gente así.	I don't like **XsoX** people. I don't like
	such people.
¡París es tan bonito!	Paris is *so* beautiful!
¡Toca el piano tan bien!	He plays the piano *so* beautifully!

SO (2)

Usamos **so** (como primera palabra) con un verbo auxiliar o con el verbo **to be** antes del sujeto, cuando indicamos que estamos de acuerdo con una declaración que se ha hecho con anterioridad. Ver **TAG QUESTIONS** para saber las reglas sobre qué verbos auxiliares se deben usar en estos casos.

-Me gusta la carne.	"I like meat".
-A mí también.	**"XSo like IX" / "XSo I likeX"/ "XSo I**
	doX"
	"So do I".
-El verano pasado fui a Bulgaria.	"I went to Bulgaria last summer."
-¿Ah sí? Yo también.	**"XSo went IX" / "XSo I wentX" /**
	"XSo I didX".
	"(Did you?) So did I".
- Mi mujer es española.	"My wife is Spanish."
- La mía también.	"So is mine."

SOAP

Soap significa 'jabón'. **Soup** en cambio quiere decir 'sopa'. ¡Ojo cuando vayamos a un restaurante!

A menudo como sopa al	I often have **XsoapX** for lunch.
mediodía.	I often have *soup* for lunch.
Nos lavamos con jabón.	You use *soap* to wash yourself.

SO MANY ver SO MUCH

SO MUCH

(1) **So much/many** se traducen como 'tanto(s)' y se usan de una manera similar a **much/many** (ver **MUCH**), aunque **so much/many** son más comunes en frases afirmativas.

Hay tanto tráfico en el centro de	There is *so much* traffic in the city
la ciudad.	centre.

(2) No se pueden usar delante de un adjetivo sin un sustantivo; para esto utilizamos **so**.

¡Es tan caro comprar un coche nuevo!	Buying a new car is so **XmuchX** expensive!
	Buying a new car is so expensive!

SOME

Hay una creencia general que **some** es afirmativo y **any** es negativo o interrogativo pero es un poco más complicado de lo que parece. **Some** se puede usar en preguntas cuando esperamos una respuesta positiva o cuando estamos pensando en una cantidad particular.

Mi abuela me dejó dinero.	My grandmother left me **some** money.
No llevo dinero encima.	I haven't got **any** money with me.
¿Puedes dejarme algo de dinero para el autobús?	Can you lend me **XanyX** money for the bus?
	Can you lend me **some** money for the bus?
	(Confías en que la otra persona diga que sí y que te deje una cantidad concreta, suficiente para pagar el autobús. Si la pregunta es con '**any** money?' significa que no estás seguro de obtener una respuesta afirmativa, sea cual sea la cantidad.)
¿Tienen plátanos?	Have you got **XsomeX** bananas?
	Have you got **any** bananas?
	(en una frutería – no sabes si hay plátanos o no.)
¿Te apetece un té?	Would you like **XanyX** tea?
	Would you like **some** tea?
	(Estás pensando en <u>una taza de té</u>.)
¿Tenemos té (en casa)?	Have we got **any** tea in the house?
	(no sabes si hay té.)
¿Podrás traer CDs a la fiesta?	Can you bring **any** CDs to the party?
	(no sabes si la otra persona tiene CDs.)
Trae algunos CDs tuyos a la fiesta. ¿quieres?	Can you bring **some** (**of your**) CDs to the party?
	(sabes que la otra persona tiene CDs y confías en que traiga algunos a la fiesta.)

SOON ver **EARLY**

SORRY ver **TO EXCUSE**

La traducción de 'me suena' es **it / that sounds familiar** o **I've heard of it / him / her** o bien **it / that rings a bell**, etc. para expresar la idea que la persona que lo dice cree conocer a la persona / el tema / el lugar mencionados. Ojo, la expresión **rings a bell** no va acompañada del pronombre **me**.

Me suena su nombre.	His name **Xsounds meX.**
	His name sounds familiar (to me).
	His / that name rings **XmeX** a bell.
	His / that name rings a bell.
	(o: I've heard his / that name.)
-¿Conoces el libro English Grammar	"Do you know the book English in Use? Grammar in Use?"
- Me suena. Creo que fue uno de los libros que nos recomendó el profe.	"It sounds familiar. I think that was one of the books the teacher recommended us."

SPECIALLY

Specially significa 'expresamente'. **Especially** quiere decir 'sobre todo'.

Llueve mucho en invierno, sobre todo en el norte.	It rains heavily in winter, **XspeciallyX** in the north.
	It rains heavily in winter, especially in the north.
Ha venido expresamente a verte.	He has come **XespeciallyX** to see you.
	He has come specially to see you.

TO SPEND ver también **TO PASS**

Usamos este verbo para indicar que gastamos dinero o tiempo. En cuanto a dinero podemos decir to spend money **on** something / someone, no 'in'.

Se han gastado mucho dinero en la nueva casa.	They've spent a lot of money **XinX** their new house.
	They've spent a lot of money on their new house.

TO STAND ver **TO SUPPORT**

STATION

Usamos **station** para referirnos a una estación de tren o de autobús, pero para referirnos a las estaciones del año el vocablo en inglés es **season(s)** y 'una estación de esquí' es un **ski / skiing resort**.

Mi padre me recogió en la estación.	My father picked me up from / at the station.

La primavera es la estación que más me gusta.	Spring is my favourite *season*.
Vamos a esquiar a una de las estaciones de los Alpes.	We're going skiing in one of the **XstationsX** in the Alps.
	We're going skiing in one of the *resorts* in the Alps.

TO STAY ver también **TO REST**

TO STEAL

(1) Para personas, casas o bancos no podemos usar **steal / stolen**. Ver **TO ROB**.

| Le robaron en la calle. | He was **XstolenX** in the street. |
| | He was *robbed* in the street. |

(2) Usamos **to steal** para expresar 'robar algo a una persona'. Si se utiliza una preposición, será **from** y no 'to'.

Le robaron el coche.	They **Xstole himX** the car.
	They *stole his car*.
Robó un millón de dólares a su empresa.	He stole $1m **XtoX** his company.
	He stole $1m *from* his company.

STILL

(1) Para ver las confusiones entre las palabras **still**, **yet** y **already**, ver **ALREADY**.

Aún no he acabado de pintar mi dormitorio.	I *still* haven't finished painting my bedroom.
	(La frase sugiere que se ha tardado más tiempo de lo previsto en hacer algo.)
Comparar:	I haven't finished painting my bedroom *yet*.
	(La frase simplemente nos informa de que no se ha acabado algo.)

(2) La idea de que **still** se usa normalmente en frases afirmativas y va en medio de la oración mientras que **yet** se usa casi siempre en frases negativas o interrogativas y va al final de la oración puede ayudar al estudiante a evitar cometer errores, aunque hemos de señalar que **still** se usa tanto en frases negativas como interrogativas y va asociado a la idea de 'sorpresa'. Además, **still** enfatiza continuidad.

| ¿Todavía llevas esa chaqueta vieja? | Are you **Xwearing that old jacket yetX**? |

*Are you **still wearing** that old jacket?*
(Causa sorpresa que la otra persona siga llevándola.)

Compara:

¿Todavía tienes ese VW Golf?

*Have you **still** got that VW Golf?*
(Hace mucho tiempo que la persona tiene el coche.)

Con:

¿Te has comprado ya ese VW Golf?

*Have you bought that VW Golf **yet**?*
(Una pregunta sencilla que requiere una respuesta de 'sí' o 'no'.)

STOLEN (ver también TO HAVE (5))

To have something done normalmente se usa para referirse a un servicio profesional, por ejemplo **to have your hair cut** etc. Pero curiosamente esta construcción también se utiliza para describir el robo de una pertenencia personal por un desconocido.

Le robaron el bolso anoche.

She had her bag stolen last night.

Por supuesto, **had** y **stolen** tienen que ir separados; si se dice **she had stolen…**, esto es el **Past Perfect** y significa 'ella había robado…'

TO STOP

To stop significa 'dejar de hacer'. To stop to do something quiere decir parar con el propósito de hacer algo.

Dejó de fumar hace 6 meses.

*He stopped **Xto smokeX** 6 months ago.*
He stopped smoking 6 months ago.

Llegaron (en coche) a Leeds, donde pararon para comer.

They drove as far as Leeds and stopped to have lunch.

STORY ver HISTORY

STRANGE, STRANGER ver también CURIOUS y FOREIGN, FOREIGNER

Strange se refiere a una persona que se comporta de una manera ilógica, extraña, rara. **A stranger** es una persona a quien no conocemos o que no conoce un lugar. Pero 'un extranjero' es **a foreigner**.

Es un tipo extraño: un día me saluda, al día siguiente, no me hace ni caso.

He's very strange: one day he says hello, the next, he completely ignores me.

-¿Me puede indicar donde está la estación? No soy de aquí.

"Can you tell me the way to the station, please? I'm XstrangeX here."
"Can you tell me the way to the station, please? I'm a stranger here."

Claro que no te entiende: es extranjero.	*Of course he doesn't understand you - he's* **Xa stranger/a strangeX**. *Of course he doesn't understand you – he's a* **foreigner**. (o: *He's* **foreign**.)

SUBURBS

La palabra inglesa **suburbs** es un 'falso amigo' porque no corresponde exactamente al español 'suburbios'. Si en español esta palabra tiende a tener un carácter peyorativo, quizás el equivalente a 'barrios marginales', en inglés es justo el contrario: mucha gente de clase media aspira a vivir en **the suburbs**, que denotan tranquilidad, menos ruido, casas más grandes etc. – algo así como 'urbanizaciónes' o 'barrios periféricos'.

Juan y María acaban de comprar una casa preciosa en una urbanización: ¡qué envidia!	*John and Mary have just bought a beautiful new house* **in the suburbs**: *I'm really envious!*

SUCCESS

Success significa 'éxito' y proviene del verbo **to succeed**. Para traducir 'un suceso' usamos **event** o **incident**.

Su última película fue un gran éxito.	*His last film was a big* **success**.
Éstas son las últimas noticias sobre suceso.	*This is the latest news about the el* **XsuccessX**. *This is the latest news about the* **event**.

SUCH ver SO (1)

TO SUGGEST

Con el verbo **to suggest** no se utiliza un pronombre de complemento directo (**me/him/them** etc.) y tampoco puede ir seguido de un verbo en infinitivo. Si la sugerencia va dirigida a una persona concreta, el modelo más común es **suggest somebody does** something (en pasado, **suggested somebody did** something). El uso de **that** inmediatamente después de **suggest** es opcional. Si no se especifica a quién se hace la sugerencia, se puede usar un verbo en gerundio: **suggest / suggested doing** something.

¿Puedes sugerirme alguna solución?	*Can you* **Xsuggest meX** *a solution? Can you* **suggest** *a solution?*
¿Por qué no te echas en la cama si estás cansado?	**XI suggest you toX** *lie down if you're feeling tired.* **I suggest (that) you lie down** *if you're feeling tired.* (o: **Why don't you** *lie down…?*)

Los médicos recomiendan hacer ejercicio de manera regular para evitar infartos.	Doctors *suggest* (o: *recommend*) *taking* regular exercise to avoid heart
attacks.	attacks.

TO SUPPORT

To support no es la traducción de 'soportar una situación desagradable'; para esto debemos usar **to bear** / **to stand** / **to put up with**.

No soporto a mis vecinos, siempre ponen la música altísima hasta altas horas de la madrugada.	I can't **XsupportX** my neighbours: they're always playing loud music until really late. I can't *stand* my neighbours: they're always playing loud music until really late.
Trabajaba mucho para mantener a su esposa y a sus 4 hijos.	He worked hard to *support* his wife and 4 children.
Apoyo el 'Movimiento para la Paz' en ese país.	I *support* the Peace Movement in that country.

SURE

Sure significa que una persona está segura, convencida de algo. Para referirnos a 'seguro' en el sentido de 'seguridad' debemos usar la palabra **safe**.

Hoy en día la gente no se siente segura en la calle.	People don't feel **XsureX** in the street these days. People don't feel *safe* in the street these days.
Ese edificio no parece muy seguro.	That building doesn't look **XsureX.** That building doesn't look *safe*.
Estoy seguro de que tendrá mucho éxito.	*I'm sure* it will be a big success.
Seguro que julio será muy caluroso.	*It's sure* to be hot in July.

SURELY

I'm sure significa 'estoy seguro' y por tanto mucha gente cree que el adverbio **surely** también expresa la idea de estar seguro de algo, pero no es así: la traducción correcta sería 'seguramente' o '¿pero no…?', por ejemplo en una pregunta retórica, cuando el locutor <u>no</u> está seguro de algo al cien por cien y busca confirmación:

-¿Vendrás a la fiesta el próximo sábado?	"Are you coming to the party next Saturday?"
- Sí, segurísimo.	"Yes, **XsurelyX.**" "Yes, *definitely*." (o: "Yes, *for sure*.")
Así que ¿has visto a John Wilson tomando copas en el pub con sus amigos? Pero, ¿solo tiene 16 años, verdad?	So you saw John Wilson drinking in the pub with his friends? But *surely* he's only 16, isn't he?

TO SWIM ver **BATH**

SYMPATHETIC

Sympathetic significa 'empático'. La traducción del vocablo español 'simpático' es **nice, friendly, pleasant** (la palabra 'simpatic' no existe en inglés).

Era gente muy simpática.	They were very **XsympatheticX** people.
	They were very **XsimpaticX** people.
	They were very *nice/friendly* people.
Mis amigos me ayudaron mucho/ me dieron moral cuando murió mi padre.	My friends were very *sympathetic* when my father died.
Expliqué al medico que me sentía un poco deprimido pero no se mostró muy comprensivo.	I told my doctor I was feeling a bit depressed, but he wasn't very *sympathetic*.

TAG QUESTIONS

Los **tag questions** son pequeñas frases o preguntas que se colocan al final de una oración afirmativa o negativa y que generalmente tienen como objetivo confirmar o negar el contenido de la frase misma. Es el equivalente al ¿verdad? o ¿no?

Básicamente hemos de recordar:

si la frase anterior contiene un verbo auxiliar (**can**, **would**, **might**, **doesn't**, **didn't** etc) o el verbo **to be**, utilizamos este mismo verbo para formar la pregunta retórica. Si el primer verbo es afirmativo, el **tag question** se pone en negativo, y viceversa:

Es francesa, verdad?	*She's French,* **Xis she?X**
	She's French, isn't she?
No vive en Londres ¿verdad?	*He doesn't live in London,* **Xdoesn't he?X**
	He doesn't live in London, does he?
El partido no comienza hasta las 5, ¿verdad?	*The match doesn't start till 5, does it?*
Llegarán mañana, ¿no?	*They will arrive tomorrow,* **Xno?X**
	They will arrive tomorrow, won't they?
Te encantaría ser rico, ¿verdad?	*You would /You'd love to be rich,* **isn't it?**
	You would /You'd love to be rich, wouldn't you?
No sabe nadar, ¿verdad?	*He can't swim, can he?*
Debería descansar más,¿verdad?	*She should rest more, shouldn't she?*
Ha comprado esa casa, ¿no?	*He's bought that house, hasn't he?*
Hace calor hoy,¿verdad?	*It's hot today, isn't it?*
Tiene un coche nuevo,¿no?	*He has (got) a new car, hasn't he?*

Sin embargo, si no hay ni verbo auxiliar ni el verbo **to be** en la primera frase, utilizamos **do / does** para formar el **tag question** en el presente o bien **did** en el pasado:

Te gusta el chocolate, ¿verdad?	*You like chocolate, don't you?*
Le gusta el chocolate, ¿verdad?	*He likes chocolate, doesn't he?*
Viste la película la semana pasada, ¿no?	*You saw the film last week, didn't you?*

Finalmente, no ponemos el **tag question** al final de la frase si se trata de una pregunta genuina:

Sabes ir a Edimburgo?	Do you know the way to Edinburgh, **X do you?X**
	Do you know the way to Edinburgh?

TO TAKE (I)

Usamos **to take** para expresar el tiempo que se necesita para hacer algo. Pero para indicar lo que dura una película o clase, por ejemplo, debemos usar **to last**.

¿Cuánto dura la película?	How long does the film **Xtake?X**
	How long does the film **last**?
¿Cuánto tardas en llegar al trabajo?	How long do you **take** to get to work?

TO TAKE (2) ver **TO BRING** y **TO CARRY**

TO TAKE PLACE ver **TO CELEBRATE**

TALL

Tall se usa para personas y edificios, y **high** para montañas (en el sentido de altura por encima del mar).

Dubai tiene el edifico más alto del mundo.	Dubai has the **XhighestX** building in the world.
	Dubai has the **tallest** building in the world.
La Paz es la capital de mayor altitud del mundo.	La Paz is the **highest** capital in the world.

TEAM

En los deportes, cuando hablamos de un equipo específico debemos usar un verbo en plural, y no utilizamos el artículo definido.

El Everton es uno de los mejores equipos de la Premier.	**XThe Everton isX** one of the best teams in the Premier League.
	Everton are one of the best teams in the Premier League.
El Barça está jugando muy bien últimamente.	**XThe Barça hasX** been playing well recently.
	Barça have been playing well recently.

TO TEAR ver **TO BREAK**

TELEVISION

La preposición que debemos utilizar para decir que vemos algo en la televisión es **on** y no **in**.

Anoche hicieron un programa muy interesante en la tele.	Last night there was a really interesting programme **XinX** the telly / **XinX** TV.
	Last night there was a really interesting programme **on** the telly / **on** TV.

TO TELL ver también **TO SAY**

(1) **To tell** debe ir seguido de un pronombre de complemento directo (para excepciones ver el punto (3)) y nunca se usa con la preposición **to**.

Dijo que tenía un nuevo trabajo.	He **XtoldX** *(that) he had a new job.* He said *(that) he had a new job.*
Me dijo que tenía un nuevo trabajo.	He told me *(that) he had a new job.*
Les dijo a sus padres dónde iba.	She **Xtold toX** *her parents where she was going.* She told *her parents where she was going.*

(2) Solamente se usa cuando va seguido de una información (ver también **TO EXPLAIN**).

-Buenos días- me dijo.	*"Good morning,"* he **Xtold meX.** *"Good morning,"* he said (to me).

(3) **To tell** se usa en lugar de **to say** en algunas expresiones (ver **TO SAY** (2))

Nunca miento.	*I never* **XsayX** *lies.* *I never* tell *lies.*

(4) Va acompañado de un objeto e infinitivo en mandatos indirectos.

Les dije que me esperasen.	*I told them* **Xthat they waitedX** *for me.* *I told them* to wait *for me.*

(5) Cuando una persona nos llama por el nombre, por ejemplo en casa, para decirnos algo, en inglés se contesta con **Yes?** y no 'tell me', la traducción literal de 'díme'.

- Juan!	*"John!"*
- Díme!	**X"Tell me!"X**
- A qué hora sales?	*"What time are you going out?"* *"John!"* *"Yes?"* *"What time are you going out?"*

Fíjate también que en el momento de contestar al teléfono, no decimos 'tell me' sino **Hello?**

(suena el teléfono) – ¿Dígame?	*(suena el teléfono)* **X"Tell me?"X** *"Hello?"*
-Está Marc?	*"Is Mark there, please?"*
-Sí, ahora se pone.	*"Yes, just a moment, please."*

TEMPORARY ver **EVENTUAL**

TERRIBLE ver **TERRIFIC**

TERRIFIC

Este adjetivo tiene sentido positivo: significa 'excelente', 'genial', 'fantástico' etc. No hay que confundirlo con **terrible** (siempre negativo) ni con 'terrorific' (que no existe – la traducción de 'terrorífico' es **terrifying**.)

Es una película genial: ¡tienes que verla!	*It's a terrific movie: you have to see it!* (o: *you've got to see it!*)
La película es muy mala, una de las peores que he visto jamás!	*It's a XterrificX movie, one of the worst I've ever seen!* *It's a terrible movie, one of the worst I've ever seen!*
La película es terrorífica: ¡la gente gritaba de miedo!	*It's a XterrificX movie and people were screaming in fear!* *It's a terrifying movie and people were screaming in fear!*

TERRIFYING ver **TERRIFIC**

THAN

Usamos **than** después de adjetivos y adverbios comparativos o la palabra **more**. No se usa en otras expresiones en que se comparan cosas (ver también **SAME** y **SIMILAR**).

No es tan alto como yo.	*He is not as tall XthanX me.* *He is not as tall as me.*
Es el mismo de siempre.	*He's just the same XthanX ever.* *He's just the same as ever.*
Costó más de lo que esperaba. *El primer plato era mucho mejor que el segundo.*	*It cost more than I expected.* *The starter was much better than the main course.*

THAT

(1) **That** se puede usar como un pronombre relativo en lugar de **who(m)** para referirnos a personas. **Which**, en cambio, se refiere a cosas pero solamente lo podemos usar en oraciones subordinadas adjetivas especificativas, que son aquellas que identifican la persona o cosa de la que estamos hablando.

Ahí está el hombre a quien tocó la quiniela la semana pasada.	*There's the man that / who won the pools last week.* (nos indica **qué hombre**)
Ésa es la casa que acaban de comprar.	*That's the house (that / which) they've just bought.* (nos indica **qué casa**)

Burkina Faso, que es uno de los países más pobres del mundo, se llamaba antes Alto Volta.	Burkina Faso, **XthatX** is one of the poorest countries in the world, used to be known as Upper Volta.
	Burkina Faso, *which* is one of the poorest countries in the world, was formerly known as Upper Volta.
	(la oración subordinada con **which** nos explica un poco más sobre el país).

(2) En las oraciones subordinadas adjetivas explicativas debemos usar **who** o **which** ya que incluyen más información sobre la persona o cosa de la que estamos hablando.

Humphrey Bogart, que era uno de the los más conocidos actores del mundo, murió en 1957.	Humphrey Bogart, **XthatX** was one of world's best-known actors, died in 1957.
	Humphrey Bogart, *who* was one of the world's best-known actors, died in 1957.
El magnífico Palacio de Schönnbrun, que tiene más de 1400 habitaciones, se encuentra a tan solo 8 km. del centro de Vienna.	The magnificent Schönnbrun Palace, **XthatX** has over 1,400 rooms, is only 8 kilometres from the centre of Vienna.
	The magnificent Schönnbrun Palace, *which* has over 1,400 rooms, is only 8 kilometres from the centre of Vienna.

(3) **That** tiene que ir precedido de un antecedente, bien un sustantivo o un pronombre. En los casos en que no hay un antecedente, usamos **what** en el sentido de **the thing(s) that**…

¿Puede decirme qué tengo que hacer?	Can you tell me **XthatX** to do?
	Can you tell me *what* to do?
No entendí lo que dijo.	I didn't understand **XthatX** she said.
	I didn't understand *what* she said.

(4) En plural no se dice **that** sino **those**.

| Aquellos días eran las más felices de mi vida. | **XThatX** days were the happiest of my life. |
| | *Those* days were the happiest of my life. |

THE

En inglés el artículo definitivo no se usa tanto como en español.

(1) Usamos **the** con un sustantivo incontable o plural solamente cuando el significado es específico. Si el significado es general, no es necesario incluir ningún artículo.

| Mis bebidas preferidas son el vino y la cerveza. | My favourite drinks are **Xthe wineX** and **Xthe beer.X** |
| | My favourite drinks are *wine* and *beer*. |

No pienso volver a aquel restaurante: ¡el vino era horrible!

I'm not going to that restaurant again: the wine was terrible!

Odio la cerveza caliente.
(es decir, la cerveza caliente en general)

I can't stand **XtheX** warm beer.
I can't stand warm beer.

Lo peor de aquel pub es la cerveza caliente (que tienen).
(es decir, la cerveza caliente de un pub en particular).

The worst thing about that pub is the warm beer (they have).

(2) En muchas expresiones cuando usamos **the** antes o **of** después de un sustantivo para convertirlo en especificativo hemos de ir con cuidado porque cuando cambia el orden de palabras **the** ya no se utiliza.

Me encanta la música de Bach.

I love **Xthe Bach's music.X**
I love Bach's music (o: the music of Bach).

La costa oeste de Escocia es preciosa.

XTheX Scotland's west coast is beautiful.
Scotland's west coast is beautiful.
(o: The west coast of Scotland is beautiful.)

(3) Nos encontramos con el mismo caso en frases con complemento del nombre.

La casa de Peter.
La madre de Mary.

XThe Peter's house.X Peter's house.
XThe Mary's mother.X Mary's mother.

(4) Algunos nombres comunes van acompañados de **the** cuando indican una especificidad.

Los heridos fueron trasladados al hospital.

The injured were taken to **XtheX** hospital.
The injured were taken to hospital.

(No estamos pensando en un hospital en concreto).

El nuevo hospital se inaugurará la semana que viene.

The new hospital is being opened next week.

(Ahora sí nos referimos a un hospital en concreto).

(5) Se usa para hablar de comidas cuando nos referimos a una en particular.

Acostumbro a comer a las 2.

I usually have **XtheX** lunch at 2.00.
I usually have lunch at 2.00.

La cena fue magnífica y el vino, también. (una cena en concreto).

The dinner was superb and so was the wine.

(6) No usamos **the** para designar partes del cuerpo cuando nos referimos a una persona en particular.

Se cayó y se rompió el brazo.	*He fell and broke **XtheX** arm.*
	He fell and broke his arm.
El cuerpo pesa unas 40 veces más que el cerebro.	The body *weighs about 40 times as much as* the brain.

(el cuerpo humano, no el de una persona en concreto).

THEMSELVES

Themselves es la tercera persona del pronombre reflexivo plural. Para indicar una acción recíproca usamos **each other** o **one another**.

Durante la cena se miraron cariñosamente (el uno al otro).	*During the dinner they looked at **XthemselvesX** affectionately.*
	During the dinner they looked at each other *affectionately.*
Se secaron después de salir de la piscina.	*They got out of the pool and dried* themselves.

THEN

(1) Normalmente **then** se usa cuando hablamos de tiempo, para decir lo que pasó después de algo, por ejemplo. Para expresar la razón por la que hacemos algo o para explicar porque lo hicimos, usamos **so**, sobre todo cuando relacionamos dos partes de la oración.

Perdí el autobús y por lo tanto tuve que ir a pie.	*I missed the bus, **XthenX** I had to walk.*
	I missed the bus, so *I had to walk.*
Terminamos la comida y luego salimos del restaurante.	*We finished our meal and* then *left the restaurant.*

(2) **Then** también puede tener el significado de **in that case**. Esta forma va normalmente al final de la frase.

-Vamos a Francia e Italia.	*"We're going to France and Italy."*
-Entonces no necesitáis un visado.	*"Oh, you won't need visas,* then.*"*

THERE WAS / THERE WERE ver **NUMBERS (4)**

THING

Hemos de recordar que cuando en español decimos 'lo más + adjetivo', en inglés debemos usar la palabra **thing** al final de la frase.

Lo más importante es concentrarse.	*X**The most important**X is to concentrate.*
	The most important thing *is to concentrate.*

Lo más sorprendente es que les haya salido bien el proyecto.	**XThe most surprisingX** is that the project has worked out well for them.
	The most surprising thing is that the project has worked out well for them.

TO THINK

(1) Para expresar intención decimos **to think of doing** something: el segundo verbo no es un infinitivo, excepto en la pasiva (**thought to be** etc.). Usamos la forma continua (**am/is/are thinking**) en las construcciones en presente.

¿Adónde piensas ir de vacaciones el año que viene?	Where **Xdo you think to goX** for your holidays next year?
	Where are you thinking of going for your holidays next year?
Pienso jugar al tenis con Anna el próximo sábado.	**XI think to playX** tennis with Anna next Saturday.
	I'm thinking of playing tennis with Anna next Saturday.
Encontraron los huesos de un animal – se creyó que pertenecían a una cebra.	They found the bones of an animal – it **Xthought / was thought it wasX** a zebra.
	They found the bones of an animal – it was thought to be a zebra.

(2) Cuando **think** significa 'creer', 'tener una opinión' o 'pensar en alguien' debe ir seguido de **of** o **about,** no **in.** La expresión **I don't think much of** (no **about**) significa **no me gusta.** Cuando podemos traducir **to think** como 'considerar' o 'reflexionar' usamos **about** y no **of.**

He pensado en tí todo el día.	I've been thinking **XinX** you all day.
	I've been thinking of / about you all day.
-¿Qué te parece la última película de aquel director?	"What do you think of / about that director's latest film?"
- Pues, no me gusta mucho.	"I don't think much of it."
Estoy meditando su oferta muy seriamente.	I'm thinking **XofX** their offer very seriously.
	I'm thinking about their offer very seriously.

(3) Si **to think** lleva implícita una idea negativa se reflejará en este verbo y no en el segundo verbo de la oración.

No creo que llueva.	I think it won't rain. (posible pero normalmente no se expresa así)
	I don't think it will rain. (mucho más común)

(4) No usamos la forma continua cuando el significado es **to have an opinion**.

-¿Qué te parece el nuevo jefe?
-Creo que tendrá éxito.

"What **Xare you thinkingX** of the new boss?" "**XI am thinkingX** he will be a big success."
"What *do you think* of the new boss?"
"*I think* he will be a big success."

(5) Para traducir 'tienes que pensar que' no podemos usar **to think**; en su lugar debemos utilizar **remember** o **don't forget**.

Tienes que pensar que tus padres ya son mayores: no aguantarán un viaje tan largo.

You **Xmust thinkX** that your parents are getting old: they won't be able to manage such a long journey.
You *must remember* (o: *mustn't forget*) that your parents are getting old: they won't be able to manage such a long journey.

THIS

(1) Cuando **this** es un adjetivo solamente puede ir acompañado de un sustantivo singular. La forma plural es **these**.

¿Qué hace aquí toda esta gente?

What are all **XthisX** people doing here?
What are all *these* people doing here?

(2) Decimos **tonight**, no **this night**.

¿Adónde vas esta noche?

Where are you going **Xthis night?X**
Where are you going *tonight*?

THOUGH ver ALTHOUGH y IN SPITE OF

THOUSAND (ver NUMBERS)

TICKET

En inglés se compra un **ticket** (billete) para viajar en tren, en autobús, en avión, pero también para ir al teatro o al cine (entrada). Cuando compramos algo en una tienda nos dan un **receipt**.

Guárdese el ticket por si quiere cambiar el artículo.

Keep your **XticketX** in case you want to change the article.
Keep your *receipt* in case you want to change the article.

No tire el billete hasta salir del recinto del Metro.

Don't throw your *ticket* away until you have left the Underground (station).

La entrada más barata para el partido costaba 50 euros.

The cheapest *ticket* for the match cost 50 euros.

TILL ver **UNTIL**

TIME (1)

Time se confunde muchas veces con **weather**.

-¿Lo pasaste bien?	"Did you have a good time?"
-Sí, (lo pasé) muy bien.	"Yes, **Xit was sunny every dayX**."
	"Yes, *it* (**o**: *the trip*) *was great / I really enjoyed it / I had a really good time.*"
-¿Hacía buen tiempo?	"Did you have *good weather?*"
- Sí, hacía mucho calor /sol.	"Yes, *it was really hot / sunny.*"

TIME (2)

Another time significa 'en otro momento'. 'Other time' no existe; la traducción correcta de 'otra vez' es **again**.

Hicisteis muy mal los deberes: tenéis que repetirlos.	Your homework was terrible: you have to do it **Xanother time / other time.X**
	Your homework was terrible: you have to do it *again.*
No tenemos tiempo para terminar este ejercicio hoy: lo haremos otro día.	We haven't time to finish this exercise today: we'll do it *another time / another day.*

TIMES

(1) Para traducir 'dos veces' decimos **twice**, por ejemplo **twice a week**.

Viaja a París dos veces al mes.	He travels to Paris **Xtwo times for month.X**
	Xtwo times in a month.X
	He travels to Paris *twice a month.*

(2) 'Una o dos veces' se traduce como **once or twice**, pero 'dos o tres veces' sería **two or three times**.

Van al teatro dos o tres veces al año.	They go to the theatre **Xtwice or three timesX** *a year.*
	They go to the theatre *two or three times a year.*

(3) Con todos los demás numerales debemos usar siempre **times**.

He estado en Roma 5 o 6 veces.	I've been to Rome 5 or 6 *times.*

TIRED, TIRING ver **ADJECTIVES (4)**

TO ver también **UNTIL**

En expresiones que se construyen con 'desde…hasta', podemos usar **to** para sustituir **until** pero no para traducir 'hasta' si se utiliza solo.

Te esperaré hasta las 6.	*I'll wait for you XtoX 6 o'clock.*
	I'll wait for you till / until 6 o'clock.
Trabaja desde las 9 hasta las 5.	*She works from 9 to / till / until 5.*

TONIGHT

Recuerda que **tonight** se refiere solamente a la tarde/noche del mismo día en que habla el locutor, y no a la tarde/noche anterior.

Anoche nos lo pasamos genial;	*We had a great time XtonightX;*
¡a ver si lo repetimos (pronto)!	*let's do it again soon!*
	We had a great time last night;
	let's do it again soon!(el comentario se hace a la mañana siguiente)
Dicen que bajará la temperatura a la tarde y que puede nevar esta noche.	*They say it's going to get colder this evening and it might snow tonight.*

TOO, TOO MUCH, TOO MANY

(1) **Too** solo puede ir delante de un adjetivo o un adverbio (a veces decimos **much too** para enfatizar la frase).

Too much solo se usa delante de un sustantivo singular o incontable. **Too many**, en cambio, se usa solamente delante de un sustantivo plural. Los dos son correctos en oraciones afirmativas, al contrario de **much** (ver **MUCH** (1)).

Hace demasiado calor para jugar al tenis.	*It's Xtoo much hotX to play tennis.*
	It's (much) too hot to play tennis.
Hay demasiado ruido aquí.	*There is too much noise here.*
Hay demasiada gente aquí.	*There are too many people here.*

(2) Hay que recordar que **too much** (excepto en lengua coloquial) siempre se usa en sentido negativo; no debe confundirse con **very much**:

Me encanta la música de Steely Dan.	*I like Steely Dan's music Xtoo much.X*
	I like Steely Dan's music very much.
	(o: I really like Steely Dan's music.)
	(o: I love Steely Dan's music.)

TRACK

Track es la traducción de 'pista' solamente en algunos casos. Algunos de ellos son:

pista forestal / de montaña	track (or path).
pista de atletismo	athletics track
perder la pista de alguien	to lose track of someone

Con todo, debemos recordar que las siguientes frases no se expresan con track:

pistas de esqui	ski / skiing slopes
pista de crucigrama	crossword clue
una pista para la policía	a clue for the police
pista de tenis / squash	tennis / squash court
pista de despegue / aterrizaje	runway
El club de tenis tiene 4 pistas nuevas.	The tennis club has 4 new **Xtracks.X**
	The tennis club has 4 new courts.
El avión tuvo que esperar 20 minutos para entrar en la pista de despegue.	The plane had to wait 20 minutes to get on the **Xtrack.X**
	The plane had to wait 20 minutes to get on the runway.

TRANSPORT

(1) La traducción de 'subir' y 'bajar' causa problemas cuando la aplicamos a medios de transporte. Decimos **to get on/off a bus/train/boat**, por ejemplo, pero en cambio usamos **to get into/out of a car**. No se utilizan **to get up/down** en estos contextos.

Subió al autobús sin despedirse.	He **Xwent up onX Xgot up onX** the bus without saying goodbye.
	He got on the bus without saying goodbye.
¡Cuidado al bajar del tren!	Be careful getting **Xdown fromX** the train.
	Be careful getting off the train.
Subió al coche y se marchó.	He **Xwent intoX Xgot onX** his car and drove off.
	He got into his car and drove off.
Bajó del coche y caminó hacia la puerta.	She **Xgot down fromX** the car and walked towards the door.
	She got out of the car and walked towards the door.

(2) Decimos **to travel by car / bus / plane**, etc. cuando hablamos de una forma de transporte en general, pero si somos más específicos no usamos la preposición **by**. Vean estos ejemplos:

Fuimos en coche.	We went by car.
Fuimos en el coche de mi padre.	We went **XbyX** my father's car.
	We went in my father's car.
Viajó a Londres en tren.	He travelled to London by train.
Viajó a Londres en el tren de las 0630.	He travelled to London **XbyX** the 6.30 train.
	He travelled to London on the 6.30 train.

(TO) TRAVEL ver **JOURNEY** y **TRANSPORT (2)**

(1) La palabra **travel** normalmente se usa como verbo. Como nombre solamente puede significar 'viajar' en general y no puede ir acompañado de un artículo. La traducción de 'viaje' es **journey** o **trip**. **Journey** se refiere a un trayecto de A a B; **trip** se refiere a dos trayectos (ida y vuelta) más una estancia de una o más noches. Si no hay ninguna estancia, podemos hablar de un **day trip**.

Es un viaje muy cansado porque tienes que cambiar de tren.	It's a very tiring **XtravelX XtripX** because you have to change trains. It's a very tiring journey because you have to change trains.
Viajar es una experiencia fascinante.	**XThe travelX** is a fascinating experience. Travel (o: Travelling) is a fascinating experience.
Fue a Londres en viaje de negocios.	He went to London on a business **XtravelX XjourneyX**. He went to London on a business trip.
¡Descubre Stonehenge y la ciudad de Bath en una excursión desde Londres!	Discover Stonehenge and Bath on a day trip from London!

(2) El plural **travels** se usa solamente para designar un viaje muy largo o una sucesión de viajes.

-Así que, ¿ya te vas otra vez de viaje?	"So, you're off on your travels again, are you?"

TRIP ver **JOURNEY**

TRUE

True es un adjetivo; el nombre es **(the) truth**.

¡Te lo juro, es verdad!	Really / honestly, **Xis trueX Xis the true!X** Really / honestly, it's true / it's the truth!
Mis padres me enseñaron a decir siempre la verdad.	My parents taught me always **Xto say the trueX Xto tell the true.X** My parents taught me always to tell the truth.

TO TRY ver **TO INTEND** y **TO PRETEND**

TWICE ver **TIMES**

U

ULTIMATELY

El adverbio **ultimately** no corresponde al español 'últimamente' sino que significa 'al final' o 'en último término'; la traducción de 'últimamente' sería **recently** or **lately**.

Últimamente me siento muy cansado.	*I've been feeling very tired* ***Xultimately.X*** *I've been feeling very tired recently /* *lately.*
Tuvo una serie de problemas en el trabajo y al final le despidieron.	*He had a series of problems at work and ultimately got the sack.*

UNDERSTANDING ver **COMPREHENSIVE** y **SYMPATHETIC**

UNIQUE

En inglés **unique** significa 'singular', 'extraordinario', 'exclusivo', 'sin igual'. La traducción de 'único' en el sentido de 'no más' es 'only'.

Era la única persona que vimos en toda la tarde.	*He was the **XuniqueX** person we saw the whole afternoon.* *He was the only person we saw the whole afternoon.*
Su manera de pintar es única.	*His style of painting is unique.*
Venecia es una ciudad única.	*Venice is a unique city.*

UNLESS

Unless significa **except if** or **only if** y generalmente corresponde a 'a menos que' en español, aunque no siempre se corresponde a **if...not**, por lo tanto hemos de ir con cuidado con los ejemplos siguientes:

Estaría más contento si no tuviera que pagar tantos impuestos.	*I'd be happier **Xunless I had toX** pay so much tax.* *I'd be happier if I didn't have to pay so much tax.*
Estaría más guapo si no llevara el pelo tan largo.	*He'd be more attractive **Xunless his hair wasX** so long.* *He'd be more attractive if his hair wasn't so long.*
Se tarda una hora en llegar, a menos que haya mucho tráfico.	*It takes an hour to get there, if the traffic isn't heavy.* *(o: unless the traffic is heavy.)*

Hemos de recordar que **unless** ya contiene un componente negativo y por ello no puede usarse con un verbo en negativo.

No puedes ver *la tele si no limpias tu habitación.*	*You can't watch TV **Xunless you don't cleanX** your room.* *You can't watch TV unless you clean your room.*

UNTIL ver también **TO**

(1) **Until** solamente se usa en expresiones de tiempo. Para traducir 'hasta' en expresiones de distancia física normalmente usamos **as far as** y para acompañar a números, **up to**.

Trabajo hasta las 9 cada noche.	*I work until 9.00 every night.*
Sube por esta calle hasta el semáforo y luego gira a la izquierda.	*Go up this street **XuntilX** the traffic lights and then turn left.* *Go up this street as far as the traffic lights and then turn left.*
Había hasta 50 personas en la fiesta.	*There were **XuntilX** 50 people at the party.* *There were up to 50 people at the party.*

(2) **Until** no va seguido de un verbo en forma negativa.

No puedes salir hasta que no hayas acabado los deberes.	*You can't go out **Xuntil you haven't finishedX** your homework.* *You can't go out until you have finished your homework.*

UNUSUAL ver **CURIOUS**

USED TO

Used to… precedido solamente por un sujeto y seguido por un verbo en infinitivo se refiere a algo que antes era verdad pero ya no lo es ('solía ser/hacer', 'antes hacía…').

 To be used to… seguido por un nombre o un verbo en gerundio significa **to be accustomed to**, normalmente con la idea de una dificultad inicial. **Usually** (= **normally**) es un adverbio de frecuencia que indica una acción habitual, tanto en presente como en pasado.

Antes vivía en Londres pero ahora vivo en Birmingham.	***XI was used to liveX XI used liveX*** *in London but now I live in Birmingham.* *I used to live in London but now I live in Birmingham.*
Al principio me era muy difícil levantarme a las 6 pero ahora me he acostumbrado.	*At first I found it difficult, but now I am used to **Xget upX** at 6.00.* *At first I found it difficult, but now I am used to getting up at 6.00.*

Cuando vine a Barcelona por primera
vez la encontré muy ruidosa pero me
he acostumbrado ya.

When I first came to Barcelona, I found
it very noisy but now **XI am used.X**

When I first came to Barcelona, I found
it very noisy but now *I am used to it*.

Acostumbro a ir / Normalmente voy
al cine una vez por semana.

XI use to goX XI used to goX to the
cinema once a week.
I usually go to the cinema once a week.

USUALLY ver **USED TO**

VERY

(1) Usamos **very** acompañado de un adjetivo o de un adverbio. No es una expresión de cantidad.

Había mucha gente en la fiesta.

*There were **XveryX** people at the party.*
There were a lot of people at the party.

(2) No se usa en oraciones comparativas o con adjetivos de 'extremos' que no necesitan reafirmación. (p. ej. **fantastic**, **superb**, **incredible**, **disgusting**)

El chino es mucho más difícil de aprender que el inglés.

*Chinese is **XveryX** more difficult to learn than English.*
Chinese is much more difficult to learn than English.

Lo pasamos bomba.

*We had a **XveryX** fantastic time.*
We had a fantastic time.

(3) No hay que confundirlo con **too** + adjetivo.

Estaba demasiado cansado para seguir estudiando.

*He was **XveryX** tired to study any more.*
He was too tired to study any more.

VIEW (ver **SIGHT**)

VIOLENT (see **EMBARRASSED** (2))

Violent se refiere a una acción muy agresiva. No tiene el sentido de 'sentirse incómodo' o 'violento'.

Empezó a llorar delante de todo el mundo: fue muy violento.

*He started crying in front of everybody: it was very **XviolentX.***
He started crying in front of everybody: it was very embarrassing.
(o: we were all very embarrassed.)

Es un hombre violento que ha sido condenado en varias ocasiones por agredir a familiares suyos.

He is a violent man who has been sent to prison several times for assaulting members of his family.

VOYAGE

Voyage es un viaje hecho por mar. En otros contextos usamos **journey** o **trip**.

El viaje en tren fue lento y aburrido.

The **XvoyageX** by train was slow and boring.
The *journey* by train was slow and boring.

El viaje en barco duró 4 horas.

The *voyage* lasted 4 hours.

TO WAIT

(1) **To wait** es la traducción de 'esperar' en el sentido de tiempo (ver **TO EXPECT** (3))

¡Paciencia! Tendremos que esperar.   Be patient, we'll just have *to wait.*

(2) Cuando **to wait** va acompañado de un complemento directo, la palabra **for** debe preceder al objeto. Si la acción es en futuro, hay que decir **I'll** (etc) **wait**, no 'I wait' en presente.

Te esperaré después de clase.   **XI'll wait youX / XI wait youX** *after class.*
      I'll wait for you after class.

Esperaba el tren.   He was **Xwaiting the train.X**
      He was *waiting for the train.*

(3) Cuando **to wait** va seguido de una clausula, hay dos construcciones posibles:

(a) **wait + until + someone/something** + el tiempo correspondiente del verbo

Esperó a que llegara su hermano antes de preparar la cena.   He waited *until his brother arrived before making the dinner.*

(b) Sin embargo, si se utiliza **wait + for**, la construcción es otra:

wait + for + someone/something + el verbo <u>en infinitivo</u>.

Esperó a que llegara su hermano antes de preparar la cena.   He waited **Xthat his brother arrivedX** *before making the dinner.*
      He waited *for his brother to arrive before making the dinner.*

TO WANT

(1) **To want** debe ir seguido de **to** cuando precede a otro verbo.

Quiero viajar por (toda) Europa.   I want **XtravelX** round Europe.
      I want *to travel* round Europe.

(2) Va seguido de un objeto y un infinitivo cuando dos sujetos diferentes están involucrados.

¿Quieres que te ayude?   Do you want **Xthat I help you?X**
      Do you want *me to help you?*

(3) To want to say quiere decir 'tener ganas de decir'. **To mean** significa 'querer decir' en el sentido de 'significar' (ver **TO MEAN**).

No te entiendo - ¿qué quieres decir?	I don't understand you — what do you **Xwant to say?X**
	I don't understand you — what do you mean?
No tengo ganas de decir nada por ahora.	I don't want to say anything at the moment.

WARM ver **HOT**

TO WASTE ver **TO LOSE** (2)

TO WATCH

To watch es similar a **to look at** pero normalmente lo usamos para espectáculos de todas clases porque debe ir asociado a una idea de movimiento. **To watch a person** significa más que solamente **to look at** porque el verbo **to watch** implica seguir los movimientos de una persona, fijarse en sus gestos, etc.

Miró la tarjeta con atención.	He **XwatchedX** the card carefully.
	He looked at the card carefully.
¿Viste aquel programa anoche?	Did you watch that programme last night?
Fue vigilado por detectives durante dos semanas.	He was watched by detectives for 2 weeks.

WAY

(1) Way significa 'recorrido', 'ruta', 'ir a un lugar'. No lo podemos usar como sinónimo de 'camino' o 'pista'; en estos casos debemos emplear **path** o **track**.

¿Sabes ir a Oxford?	Do you know the way to Oxford?
Hay un pequeño camino que lleva a la cima (de la montaña).	There is a small **XwayX** that leads to the top (of the mountain).
	There is a small path that leads to the top (of the mountain).
No te puedes perder — solo tienes que seguir el camino.	You can't lose your way (o:You can't get lost) — just follow the path / track.

(2) Decimos **on the way** to a place, no **in**. **To be in the way** significa 'entorpecer', 'estar en medio'.

-¿La Garriga? Sí, está camino de Vic.	"La Garriga? Yes, it's **XinX** the way to Vic."
"La Garriga?	Yes, it's on the way to Vic."

-*¿Puedes apartarte, por favor? Me estás tapando / No me dejas pasar.*

"Could you move, please? You're *in my way*."

TO WEAR ver **TO CARRY, TO DRESS**

WEATHER ver **TIME (1)**

WELL ver también **ADVERBS**

Well es el adverbio derivado del adjetivo **good**, con el que frecuentemente se confunde. Solamente usamos **well** como un adjetivo cuando se refiere a la salud de alguien.

Juega bien al ajedrez.

She plays chess very**X good.X**
She plays chess very *well*.

-¿Qué tal la película?
-Está bien / Es buena.

"What's the film like?"
"It's very **Xwell.X**"
"It's very *good*."

-¿Cómo está tu abuela?
-(Muy) bien, gracias.

"How is your grandmother?"
"Very **XgoodX**, thank you."
"Very *well*, thank you."

Es importante tener presente el orden de las palabras en las siguientes frases:

Habla muy bien el inglés.

He **Xspeaks very well English.X**
He *speaks very good English*.
(o: He *speaks English very well*.)

TO WET / TO GET WET

To wet es la traducción del verbo 'mojar' pero cuidado con la traducción del reflexivo 'mojarse' (que es **to get wet**) porque existe en inglés el verbo **to wet myself / yourself / himself** (etc.) pero significa 'orinarse encima'!

Como me había dejado el paraguas en casa ¡me mojé completamente cuando se puso a diluviar!

I had left my umbrella at home so **XI wet myselfX** in the sudden downpour!
I had left my umbrella at home so I *got really wet* (o: I *got soaked*) in the sudden downpour!

El niño se puso muy nervioso y se hizo pipí encima.

The child got very nervous and *wet himself*.

WHAT ver **THAT**

WHAT? ver también **WHO?**

Cuando **What?** es el sujeto de un verbo, la frase no incluye nunca los auxiliares **do/did**.

-¿Qué pasó?	What **Xdid happen?X**
	What *happened*?
-Qué es lo que le motiva?	What **Xdoes motivateX** him?
	What *motivates* him?

En cambio, cuando **What** es el objeto de un verbo sí que se puede utilizar **do/did**:

| ¿Qué hicisteis durante las vacaciones? | What *did you do* during the holidays? |

WHEN

En las oraciones subordinadas adverbiales de tiempo **when** va seguido de un verbo en presente o en pretérito perfecto aunque el significado esté en futuro.

Empezaremos la reunión cuando él llegue.	We'll start the meeting when he **Xwill arrive.X**
	We'll start the meeting when he *arrives*.
	(o: *when he has arrived*.)

WHETHER ver IF (2)

WHICH ver también THAT (2)

(1) **Whose**, no **which**, es un pronombre posesivo.

| Ése es el hombre cuya casa visitamos. | That's the man **XwhichX** house we visited. |
| | That's the man *whose* house we visited. |

(2) **Of which** puede emplearse cuando nos referimos a cosas, no a gente. Es importante también fijarse en el orden de las palabras.

| Escribió dos novelas, cuyos títulos no recuerdo. | He wrote two novels, *whose titles* (o: *the titles of which*) I can't remember. |

WHILE ver MEANWHILE

WHO ver también THAT

En una oración escindida (**cleft sentence**, en inglés) se enfatiza algún elemento de la misma colocándolo en una oración subordinada, utilizándose una palabra como **It** o **That** para introducir la cláusula. Alternativamente en inglés se puede expresar la idea colocando el sujeto en su posición normal, es decir, al principio de la cláusula, pero hay que poner **the one** delante del pronombre relativo **who**.

Hay que tener cuidado también con la traducción de frases donde se usa 'quien' o 'quienes' de sujeto. En estos casos en inglés, hay que usar 'who' acompañado de un pronombre personal o demostrativo (**He who** (muy formal), **Those who, Anyone who** etc.).

Quien tiene que trabajar más es John, y no su padre.	**X John is whoX** has to work harder, not his father.
	It is John who has to work harder, not his father.
	(o: John is the one who has to work harder, not his father.)
Quien no estudie mucho no tendrá ninguna posibilidad de aprobar el curso.	**X Who doesn't X** study hard will have no chance of passing the course.
	Those who don't study hard will have no chance of passing the course.
	(o: Anyone who doesn't study hard will have no chance of passing the course.)

WHO?

Como en los casos de **What?**, el interrogativo **Who?** no va acompañado de **do / did** cuando es el sujeto del verbo pero sí cuando es el objeto.

¿Quién te lo dijo?	Who **Xdid tellX** you?
	Who told you?
¿Quién te da clases?	Who **Xdoes giveX** you classes?
	Who gives you classes?
¿A quién viste ayer?	Who did you see yesterday?

(THE) WHOLE

Whole significa 'todo' o 'entero', a menudo en un sentido similar a **all (the)** pero no puede usarse de las siguientes maneras:

(a) Con sustantivos incontables

Robó todo el dinero y se escapó.	He stole **Xthe whole moneyX** and ran away.
	He stole all the money and ran away.

(b) Con sustantivos singulares cuando no va precedido por un determinante, por ejemplo **the**, **this**, **our**, etc.)

Me gustaría visitar toda la ciudad / la ciudad entera.	I would like to visit **Xwhole city.X**
	I would like to visit the whole city.
	(o: all the city.)

WILLING

Willing significa 'dispuesto (a hacer)' pero no indica entusiasmo por parte del hablante. Para expresar entusiasmo o emoción usamos **to look forward to**.

¡Ya tengo muchas ganas de que empiecen las vacaciones!	I am **Xwilling to startX** my holidays!
	I am really looking forward to (the start of) my holidays!

(o: *I can't wait for my holidays (to start).*)

Ya he hablado con él y está dispuesto a ayudarnos.

I've spoken to him and he's willing to help us.

TO WIN

Un jugador o un equipo can **win a trophy / title / championship / match / cup,** etc. Pero no podemos usar **to win** para decir que hemos ganado a un oponente, un rival, otro equipo, etc. Para estos casos empleamos el verbo **to beat**. Por otro lado la traducción al inglés de 'ganar dinero' es **to win money** si es por suerte (la lotería, la quiniela etc) pero **to earn money** si es por trabajo.

Alemania ganó a Argentina en la final del Mundial.

Germany **XwonX** Argentina in the final of the World Cup.
Germany **beat** Argentina in the final of the World Cup.

El Barça ganó la Champions después de vencer en la final por 3-1 a la Juventus.

Barça **won** the Champions League after **beating** Juventus 3-1 in the final.

¿Cuánto gana al mes?

How much does he **XwinX** a month?
How much does he **earn** a month?

¡Ganó 50,000 euros en la lotería!

She **won** 50,000 euros in the lottery!

TO WISH

(1) Se puede decir **I wish you** (te deseo) cuando va seguido de un sustantivo: **I wish you luck / a happy birthday / a Merry Christmas / a Happy New Year / a pleasant stay** etc., pero no cuando va seguido de un verbo, por ejemplo 'I wish **Xyou haveX** a Merry Christmas' (ver (4) más abajo)

Te deseo lo mejor para el 2015.

I wish you all the best for 2015.

(2) Utilizamos **I wish** para expresar que nos gustaría cambiar alguna cosa ahora, en el presente, o que nos arrepentimos de una situación que pasó (o no pasó) en el pasado (es decir, algo del pasado que nos gustaría cambiar aunque, evidentemente, eso ya no es posible). En los dos casos, el tiempo del verbo que sigue a **I wish** 'retrocede un paso', es decir, si el deseo de cambiar algo se refiere al presente, el verbo será en el pasado simple. Por otro lado, si el deseo de cambiar algo se refiere al pasado, el verbo será en el pretérito pluscuamperfecto. En ninguno de los dos casos se utiliza el tiempo condicional (**would**).

Ojalá no tuvieras que marcharte ahora.

I wish you Xdon't have toX leave right now.
I wish you didn't have to leave right now.
(= pero sí tienes que marchar ahora.)

Me gustaría tener más tiempo libre.	I wish I **Xwould haveX** more free time.
	I wish I *had* more free time.
	(= no tengo mucho tiempo libre.)
Ojalá me hubiera escrito.	I wish she **Xwould have writtenX** to me.
	I wish she *had written* to me.
	(= no me escribió.)
Me arrepiento de haberle dicho eso.	I wish I **Xwouldn't have saidX** that to him/her.
	I wish I *hadn't said that* to him/her.
	(= Se lo dije pero ahora me arrepiento.)

(3) **I wish** sí va acompañado de **would** cuando queremos quejarnos de una situación o de un comportamiento molesto de una persona. En estos casos un castellanoparlante podría decir '¡ya está bien!'.

¡Ya está bien de quejarte cada dos por tres!	I wish you **XstoppedX** complaining all the time!
	I wish you *would stop* complaining all the time!
¡Si por lo menos no hiciera tanto ruido!	I wish he **Xdoesn't makeX** so much noise!
	I wish he *wouldn't make* so much noise!
A ver si deja de llover, ¡es deprimente!	I wish it **XstopsX XstoppedX** raining, it's so depressing!
	I wish it *would stop* raining, it's so depressing!

(4) Sin embargo, 'ojalá' en castellano no siempre se traduce por **I wish**: por ejemplo, no se puede decir 'I wish something happens'; en este caso, estamos expresando una esperanza para el futuro y por lo tanto utilizamos **I hope**:

Ojalá haga sol mañana.	**XI wishX** it is / it will be sunny tomorrow.
	I hope it is / it will be sunny tomorrow.
Espero que tengas un buen viaje.	**XI wishX** you have a great trip.
	I hope you have a great trip.

WITHOUT

Cuando la palabra **without** va seguida de un verbo, éste debe acabar con terminación **–ing**. En estos casos nunca debemos usar el infinito.

Salió sin cerrar la puerta.	He walked out **Xwithout to closeX** the door.
	He walked out *without closing* the door.

WORD ORDER

Los problemas más importantes que nos encontramos en cuanto al orden que deben seguir las palabras en inglés son:

(1) Estilo indirecto (ver **REPORTED QUESTIONS**)

(2) Adverbios de frecuencia. La posición de los adverbios como **usually, sometimes, often, never, always**, etc.va normalmente después del verbo **to be**, antes de cualquier otro verbo principal o antes del segundo verbo cuando empleamos dos verbos auxiliares.

Vamos al cine a menudo.	We **Xgo oftenX** *to the cinema.* We *often go to the cinema.*
¡Siempre llega tarde!	He **Xalways is late!X** He *is always late!*
Nunca hubiese aprobado el examen sin su ayuda.	He **Xwould have n**e*ver **passedX** the exam without her help.* He *would never have passed the exam without her help.*

(3) Con **neither/nor** y **so**. Ver **NEITHER/NOR** y **SO**.

(4) Con los verbos **to like** y **to enjoy**. Ver **TO LIKE** y **TO ENJOY**.

(5) La inversión incorrecta de sujeto y verbo, debida a una traducción literal del español donde un verbo y un adjetivo pueden ir delante del sujeto; en inglés, esto solo puede hacerse en algunos casos concretos.

Es muy interesante su nueva novela. (coloquial)	**XIs very interesting her new novel.X** **XIt's very interesting her new novel.X** *Her new novel is very interesting.*

WORK

El sustantivo **work** es contable solamente cuando lleva implícito un significado como **a work of art**, por ejemplo. Para traducir 'un trabajo' debemos usar **a job**.

Estoy buscando un nuevo trabajo.	I'm looking for **Xa new work.X** I'm looking for *a new job.*
Me gusta mucho mi trabajo.	I really enjoy *my work / my job.*
¡Las obras de Dalí son tan originales!	Dali's *works are so original!*

TO WORK

Decimos **to work for a firm, company**, etc., **to work in a shop, in an office, in a factory** etc.

Trabaja en ICI.	He works **Xin ICI.X** He works *for ICI.*

Trabaja en una tienda de ropa.　　　*He works in a clothes shop.*

TO WORRY ver también **TO MIND (4)**

Decimos **to worry about** (no **for**) **something.**

Estoy muy preocupado por este problema.　*I am very worried **XforX** this problem.*
　　　　　　　　　　　　　　　　　I am very worried about this problem.

WORTH

Worth se usa con el verbo **to be** para expresar:

(a) El valor de algo.

Esa casa vale una fortuna.　　　*That house is worth a fortune.*

(b) Si una acción vale la pena: **(not) worth the trouble.** En este caso el verbo debe ir en la forma **–ing**, no en infinitivo.

No vale la pena ver esa película.　　*It is not **Xworth to seeX** that film.*
　　　　　　　　　　　　　　*That film is not **Xworth to seeX.***
　　　　　　　　　　　　　　It is not worth seeing that film.
　　　　　　　　　　　　　　That film is not worth seeing.

WOULD ver **IF**

TO WOUND ver **TO DAMAGE**

YESTERDAY

Decimos **yesterday morning / afternoon / evening** sin preposición, pero en cambio: **last night** (anoche).

¿Qué hiciste ayer por la mañana / tarde?

What did you do yesterday **Xin the morning?X Xin the afternoon?X**
What did you do *yesterday morning / yesterday afternoon?*

¿Adónde fuiste anoche?

Where did you go **Xyesterday night?X**
Where did you go *last night?*

YET ver **ALREADY, STILL**

Diálogos

Introducción

Esperamos que disfrutes de estos diálogos, que contienen muchas de las palabras y construcciones que figuran en este libro. Fíjate que hemos resaltado las palabras y construcciones a tener en cuenta en azul.

Te recomendamos que utilices cada diálogo de la siguiente manera:

1. Lee el diálogo en inglés (sin mirar la traducción española).

2. Lee la traducción en español.

3. Busca en el libro cada palabra resaltada en el diálogo. Seguramente conocerás el significado de casi todas ellas, pero el libro te dará la seguridad de que las estás utilizando correctamente y que no cometes errores. Ten en cuenta que también hemos puesto de relieve cuestiones referentes a coletillas interrogativas tales como "isn't it?", "can you?" y "does it?" En el libro las encontrarás baja la denominación de **TAG QUESTIONS** en lugar de debajo de las palabras mismas (isn't, can, does, etc.).

Esperamos sinceramente que encuentres estos diálogos muy útiles para reforzar muchos conceptos que aparecen en el libro.

Dialogue 1

<u>Two friends meet for coffee</u>

ALISON: *Amanda! It's so good to see you! We haven't spoken for such a long time!*

AMANDA: *Yeah, not since May, I think.*

ALISON: *Really? Is it that long ago?*

AMANDA: *Yes, it is; we met just before you went on holiday to Greece. Did you have a good time, by the way??*

ALISON: *Oh yes, we really enjoyed it; although I'm not sure I'd stay in the same hotel again.*

AMANDA: *Why not?*

ALISON: *Well, it only had one swimming pool and it wasn't heated.*

AMANDA: *Excuse me if I don't sound very sympathetic, but we spent the whole summer in England; no swimming pool, no heat!*

ALISON: *Yes, you're quite right; I mustn't complain. Anyway, it was good for all the family to be together. John and I have been so busy working this year; we've hardly had time to spend with the children.*

AMANDA: *Is John still working in London for that American bank?*

ALISON: *At the moment, yes, but he'll be looking for another job soon. Unfortunately, he isn't quite old enough to retire.*
And how have you been? I can't remember; is Caroline going to university this year?

AMANDA: *Yes, in October.*

ALISON: *Remind me where and what degree she will be doing.*

AMANDA: *Economics at Manchester. But before going up there she's going to start a part time job here in London.*

ALISON: *Is it worth it for only two months?*

AMANDA: *That's exactly what I said, but you can't tell kids anything these days, can you? What's your boy Nicholas going to do?*

ALISON: *I have no idea…and neither has he. He thinks much more about holidays than a career. As you say, if you give children any advice, they ignore it.*

AMANDA: *Well, eventually…one day…they'll see we were right. Were we any different with our parents?*

ALISON: *It didn't* **matter** *so much when we were young because there wasn't any choice; we* **had to** *work.*

AMANDA: *We were lucky that we could find work! Our kids* **might** *not have the same* **opportunities.**

ALISON: *It all* **depends on** *where they're living. I think here in London there are* **plenty of** *companies looking for bright young people.*

AMANDA: *Yes of course, let's be optimistic.*

By the way...changing the subject...you **sound like** *you've got a terrible* **cold. Hadn't** *we* **better** *go inside where it's nice and warm?*

ALISON: *Good idea, thanks. You're so sweet. I'd* **forgotten** *what a caring friend you are.*

Han quedado dos amigas para tomar café

ALISON: *¡Amanda! ¡Qué bien volverte a ver! ¡Hace tanto tiempo que no hablamos!*

AMANDA: *Sí, desde mayo, creo.*

ALISON: *¿De verdad? ¿Hace tanto?*

AMANDA: *Sí, nos vimos justo antes de irte tú de vacaciones a Grecia. Por cierto, ¿os lo pasasteis bien?*

ALISON: *Sí, fue todo estupendo, pero no sé si volvería al mismo hotel.*

AMANDA: *¿Ah, no? ¿Por qué?*

ALISON: *Pues, porque solo había una piscina y no estaba climatizada.*

AMANDA: *Perdona pero no me das demasiada pena, nosotros pasamos todo el verano en Inglaterra ¡sin piscina ni calor!*

ALISON: *Sí tienes toda la razón, no debería quejarme. De todas formas, estaba bien estar juntos toda la familia. Con lo ocupados que hemos estado John y yo este año por culpa del trabajo apenas hemos tenido tiempo para estar con los hijos.*

AMANDA: *¿John todavía trabaja en aquel banco americano en Londres?*

ALISON: *De momento, sí, pero pronto va a buscar otro trabajo. Desgraciadamente todavía no tiene la edad para jubilarse. Y vosotros, ¿qué tal? Ahora ya no me acuerdo, este año Caroline irá a la universidad?*

AMANDA: *Sí, en octubre.*

ALISON: *Recuérdame en qué universidad y qué carrera va a hacer.*

AMANDA: *Pues Económicas en Manchester, pero antes de irse va a empezar un trabajo a tiempo parcial aquí en Londres.*

ALISON: *¿Crees que vale la pena por solo dos meses?*

AMANDA: *Eso es exactamente lo que le dije yo, pero hoy en día no se les puede decir nada a los hijos ¿verdad? ¿Y qué va a hacer Nicholas?*

ALISON: *No tengo ni idea...ni él tampoco! Piensa mucho más en irse de vacaciones que en trabajar. Como tú bien dices, si les das consejos no te hacen ni caso.*

AMANDA: *Bueno, algún día, al final, se darán cuenta que teníamos razón. Total, ¿no hicimos lo mismo con nuestros padres?*

ALISON: *Pero no importaba tanto cuando éramos jóvenes porque entonces no había elección; estábamos obligados a trabajar sí o sí.*

AMANDA: *Bueno, tuvimos la suerte de poder encontrar trabajo! Nuestros hijos igual no tendrán las mismas oportunidades.*

ALISON: *Todo dependerá de donde vivan. Creo que aquí en Londres hay bastantes empresas que buscan a gente joven y lista.*

AMANDA: *Sí, seamos optimistas. Por cierto, cambiando de tema, parece que estás muy constipada, ¿no?... ¿y si entramos adentro para entrar en calor?*

ALISON: *muy buena idea, gracias. Qué maja que eres. Se me había olvidado lo buena amiga que eres.*

Dialogue 2

Thoughts and dreams

I am the person in my company who is **responsible** for organising meetings and I have one with my boss and other colleagues tomorrow. I'm not particularly **looking forward to it** and I **hope** I won't **make any mistakes.** Last time I **left** my laptop at home and I had to pretend to know what was going on. This time I'm going to bring handwritten notes with me just **in case.**

I often ask myself if I have really made a **success** of my life.
"What **do you do?**"
"I arrange **meetings.**"
"**Anything** else?"
"Well, they call me "Events Manager", but it's really just meetings, meetings, meetings."
It doesn't **sound** very **impressive, does it?** I **met** this guy the other day who **told me** that **despite** always getting poor marks at school, he has fulfilled his dreams of becoming a **publisher.** Being a successful **entrepreneur** has not been just an **illusion** for him, but a reality.

If I **stop to** think what I have achieved in my **career,** I feel quite **disappointed** with myself. Some people say, "*You make your own luck in life.*" Maybe it's not too late for me; I have always **dreamt of** having my own restaurant. My Dad was **such a** good **cook** and he passed this passion on to me. It's **strange**, but **none** of my brothers like cooking at all. Whenever I made lunch at home, their only comments were **either** "*This is disgusting*" or "*Are you sure these sausages aren't off?*" They will probably **deny** it now, but they were just trying to get me **annoyed**. Now they are all desperate for me to **invite** them over for dinner.

Well, I've **made a decision**: NO MORE MEETINGS ABOUT MEETINGS!

Life should not be about **compromise**! **I'd better** make some **serious** plans if I want to change my life.

So, a restaurant by the sea? Why not?

Pensamientos y Sueños

En mi empresa soy el responsable de organizar reuniones y mañana tengo una con mi jefe y mis colegas. La verdad es que no me hace mucha ilusión y espero no cometer ningún error. La última vez por haberme olvidado el portátil en casa tuve que disimular que estaba al tanto de todo. Esta vez por si acaso voy a acudir a la reunión con apuntes escritos.

Muchas veces me pregunto si realmente he conseguido el éxito profesional.
"*Qué haces?*"
"*Organizo reuniones.*"
"*Algo más?*"
"*Bueno, mi título oficial es "Coordinador de Actividades", pero en realidad solo hay reuniones y más reuniones.*"

¿Verdad que no impresiona? El otro día tropecé con un tío que me dijo que ha realizado su sueño: hacerse editor, a pesar de que siempre había sacado malas notas en el colegio. En su caso, el sueño de tener éxito como empresario no ha sido un espejismo sino una realidad.

Si me paro a pensar en lo que he conseguido en mi vida profesional, me siento decepcionado. Pero como dicen algunos, "*Haces tu propia suerte en la vida*", así que quizás no sea demasiado tarde para mí. Mi sueño siempre ha sido tener mi propio restaurante. Mi padre, que fue muy buen cocinero, me transmitió su pasión por la cocina. Aunque parece extraño, a ninguno de mis hermanos les interesa el tema. Cuando yo preparaba la comida en casa los únicos comentarios que hacían eran o bien "*Esto es asqueroso" o "¿Seguro que estas salchichas no se han estropeado?". Supongo que ahora lo negarían pero sé que solo intentaban provocarme... ¡Y ahora solo esperan que les invite a cenar!

Bueno, he tomado una decisión: ¡no más reuniones sobre reuniones! ¡En la vida no siempre se puede hacer concesiones! Si quiero cambiar mi vida, tengo que planificar mi futuro en serio.
Así, ¿qué tal un restaurante en primera línea de mar? ¿Y por qué no?

Dialogue 3

A chat in a railway station cafe

GAVIN: *Do you* **mind** *if I sit here?*

AMANDA: *No problem: I don't* **mind sharing** *a table at all. I've* **never** *seen it so busy in here.*

GAVIN: *There's clearly a problem with the trains this morning,* **isn't there?** *I've* **missed** *mine and the* **next** *one isn't* **until** *10.30 so I thought I'd* **treat** *myself to a nice cup of hot chocolate and a piece of cake.*

AMANDA: *Good idea! As you can see, I've done the same.*

GAVIN: **What's** *your cake* **like?** *Mine* **looks like** *it's going to be a bit dry.*

AMANDA: *Mine's coffee walnut cake. I* **like it.** *I wouldn't even notice if it was dry. I've been here* **so long,** *I'd eat anything.*

GAVIN: *So* **how long** *have you been sitting here?*

AMANDA: *About an hour,* **although** *it* **seems like** *two. I was supposed to be giving a French businessman a* **private** *English lesson but I've* **no idea** *where he is. I suppose I* **ought to** *call him, but to be honest I* **need** *a break. I'm* **enjoying** *myself just sitting here and watching the world go by; there are* **hundreds of** *people to watch here!.*

GAVIN: *So, you're an English teacher.* **Where are you from?**

AMANDA: *Belfast.*

GAVIN: *Really? You don't* **sound like** *you come from Northern Ireland.*

AMANDA: *Well,* **actually I was born** *there and* **spent most of** *my childhood there, but my* **parents** *sent me to school here in England, and I've been living in London* **for** *a few years. Where are* <u>you</u> *from? Not London, that's for sure.*

GAVIN: *Certainly not! I'm from Devon in the West Country. I'm just heading home now. I try to* **avoid** *coming up to London as* **much** *as possible; I'm not really a city person,* **I'm afraid**.

AMANDA: *What* **do you do**?

GAVIN: *I run a furniture business; mostly tables and chairs,* **specially** *designed for restaurants and cafes. I spent* **all** *day yesterday with customers. I get a bit* **nervous before** *meeting them; I don't know why; we produce high quality furniture with the* **latest** *fashion in design. I* **ask** *them a few questions and then* **let** *them do the talking. I* **listen to** *exactly what they're looking for and see if I can* **assist** *them in any way.*

AMANDA: *You mean, sell them something.*

GAVIN: *Yes, thank you for correcting me, English teacher.*

AMANDA: *Sorry, I didn't* **intend** *to be rude.*

GAVIN: *You're not being rude at all. Yes, it is selling, but not in a pushy way. I* **suggest** *some ideas to them they* **might** *like to* **think about**. *I wouldn't say I'm* **known as** *a tough* **businessman**. *I've spent most of my life working* **as a** *carpenter, in fact, but I make nice stuff and it has turned into a very* **successful** *business.*

AMANDA: *Good for you! I like to hear* **stories** *like that. I* **wish** *I had my own business.* **Even though** *I give private lessons, it's for an agency; it's not my own company, unfortunately. I have some* **serious** *problems with the way the directors run the organisation; it's* **so** *unprofessional and inefficient. The most* **important** **thing**, *I think, is to give your customers good service, don't you* **agree**?

GAVIN: *Absolutely! It does help,* **though**, *if they* **actually attend** *lessons!*

AMANDA: *You mean this French guy? I'd* **forgotten** *about him;* **I'd better** *give him a call… I don't* **seem** *to have a signal here; could I* **borrow** *your phone a minute?*

GAVIN: *Sure, but only if you let me* **pay for** *this.*

AMANDA: *That sounds like a good deal. Thank you; that's very good of you!*

Una charla en la cafetería de una estación de ferrocarril

GAVIN: *Perdona, ¿te importa que me siente aquí?*

AMANDA: *En absoluto: no me importa compartir mesa. Nunca he visto tanta gente aquí dentro.*

GAVIN: *Habrá algún problema con los trenes, ¿no? Ya he perdido el mío y el próximo no sale hasta las 10.30 así que he pensado que me daría un capricho y me tomaría una taza de chocolate caliente con un trozo de tarta.*

AMANDA: *¡Muy buena idea! Ya ves que yo he hecho lo mismo.*

GAVIN: ¿Está rica tu tarta? La que yo me he pedido tiene pinta de estar un poco seca.

AMANDA: Pues la mía es de café con nueces. Me gusta. De todas formas si estuviese seca no me daría cuenta. He tenido que esperar tanto tiempo que comería cualquier cosa.

GAVIN: ¿Ah sí? ¿Cuánto hace que estás aquí?

AMANDA: Una hora más o menos, aunque me da la sensación de que han sido dos. En principio tenía que dar una clase particular de inglés a un hombre de negocios francés pero no tengo ni idea dónde está. Supongo que debería llamarle pero sinceramente me va bien un pequeño descanso. Me lo paso bien sentada aquí viendo el mundo girar – ¡En este lugar hay centenares de personas que observar!

GAVIN: Así que eres profesora de inglés. ¿De dónde eres?

AMANDA: De Belfast.

GAVIN: ¿En serio? No tienes acento de Irlanda del Norte.

AMANDA: Pues la verdad es que nací en Belfast y pasé gran parte de mi infancia allí, pero mis padres me enviaron a un colegio aquí en Inglaterra y hace ya algunos años que vivo en Londres. Y tú, ¿de dónde eres? ¡De Londres, seguro que no!

GAVIN: No, ¡Qué va! Soy de Devon. Ahora mismo voy hacia allí. Si puedo, evito venir a Londres porque me sabe mal decirlo pero la verdad es que no me siento nada urbanita.

AMANDA: ¿A qué te dedicas?

GAVIN: Llevo un negocio de muebles, principalmente mesas y sillas diseñadas expresamente para cafeterías y restaurantes. Ayer pasé el día entero con clientes. Siempre me pongo un poco nervioso antes de conocerlos; la verdad es que no sé por qué, ya que los muebles que fabricamos son de alta calidad y de último diseño. Les hago unas cuantas preguntas y después dejo que hablen ellos: me limito a escuchar exactamente lo que están buscando, y veo si los puedo ayudar.

AMANDA: Quieres decir, venderles algo.

GAVIN: Sí, gracias por corregirme, profesora.

AMANDA: Ay, lo siento, no quería ser maleducada.

GAVIN: No te preocupes, no eres una maleducada. Tienes razón, eso se llama vender pero no de una manera agresiva. Solo les hago unas sugerencias para que las mediten. No creo que tenga fama de empresario duro. De hecho soy carpintero, es de lo que he trabajado toda mi vida, pero resulta que hago cosas bonitas y se ha convertido en un negocio de éxito.

AMANDA: ¡Estupendo! Me gusta oír historias como la tuya – ¡ojalá tuviera mi propio negocio yo! Aunque doy clases particulares, trabajo para una agencia. Desgraciadamente no es mi propia empresa, y tengo problemas importantes con los directores por la forma en que llevan la organización, tan poco profesional e ineficaz. Para mí lo más importante es dar un buen servicio a los clientes, no crees?

GAVIN: ¡Totalmente de acuerdo! Sin embargo, ¡estaría bien que los clientes asistieran a las clases, por ejemplo!

AMANDA: ¿Te refieres a aquel tío francés? La verdad es que ¡casi me he olvidado de él!; pues, debería llamarle… Ay, parece que no tengo cobertura… ¿me dejarías tu móvil un momento?

GAVIN: Por supuesto que sí, pero solo si dejas que te invite.

AMANDA: Pues me parece muy buen trato. ¡Gracias, muy amable!

Dialogue 4

An email to the Customer Services Manager of a large department store

Dear Mr Davis

I am writing to you to complain about the very poor service I received in your big, new store in the High Street on Christmas Eve. It was certainly not what I had **expected**.

Perhaps it was a mistake to go **shopping** on **such** a busy day. **If** I had known what was going to happen, I would have **stayed** at home! I wanted to **buy** some luxury shower gel as a **Christmas** present for my sister. First, I went to the ladies' toiletries department on the ground floor, but **then** one of your young assistants **told** me that bathroom items were sold on the top floor. How ridiculous!

After walking up three flights of stairs because **none** of the escalators or lifts were **working**, I bumped into the male floor manager (I could see what his position was from the badge he was **wearing**, but I can't **remember** his name), and asked him for help. He rather rudely replied:

"Why would we sell ladies' shower gel on the top floor, **which** is the men's sports department?"

"You tell me," I **shouted**, as I was rather **annoyed** by his attitude.

I **tried** not to get too **angry** and eventually **managed to** calm myself down; I know I can be a bit too **sensitive** when under stress. This was a very **sensible** decision because I **succeeded in avoiding** an **argument**; in fact, this man began to feel sorry for me and even **offered** to **carry** my bags back down to the ground floor. That's right: back to the ladies' toiletries where, he assured me, I would find the shower gel I was looking for. I wasn't in the **mood** for company, however, and I politely **told** him I could manage on my own.

I was planning what to **say to** the girl who had sent me all the way upstairs for no reason, **wasting** my time, but **nobody** was there. Nobody! **By chance**, I was **able** to find the gel...in the dental care section. I have **no idea** what they were **doing** there, but anyway, **at last** I had found what I was looking for. Panic over, or so I **hoped**. I then **tried** to find somewhere to pay. There wasn't **anybody** at **any** till that I could see. Do you **actually** want to take our money, Mr Davis, or would you **rather** we **stole** Christmas presents for our families?

Finally, I **found** a pay till at the back of the store, but there was just **one** person working there, and a huge, long queue. I had no choice but to join them; **there were** about 25 of us **waiting** to be served...and 24 of them were **in front of** me!

Eventually, the store manager himself appeared...and then disappeared. We **never** saw him again. Perhaps he didn't feel **safe** with such a large group of angry customers, or maybe he just didn't **care enough,** who knows?

I hope you care enough, Mr Davis!

Afterwards, when I got home, I discovered that one of the shower gels (I had bought two, **in the end**) was half empty. It was extremely frustrating! I do have the **receipt** and so I will **come** back some time in the New Year to return the goods...if I can face making the **journey**.

Over the years I have **spent** a lot of money in your other stores **on** all sorts of items before this new one opened a **few** months **ago**, and I therefore **expect** a much higher standard of service.

I very much **look forward to** hearing from you with an apology and perhaps a few ideas as to how you might **prevent** such **events from happening** again.

Yours sincerely,

Janet Hughes

Correo electrónico al Responsable de Atención al Cliente de unos grandes almacenes.

Estimado Sr Davis,

Le escribo para quejarme del mal servicio que dan en su nuevo gran almacén, situado en la Calle Mayor el día 24, víspera de Navidad. No era ni mucho menos lo que me esperaba.

Quizás mi primer error fue ir de compras en un día tan concurrido. De haber sabido lo que iba a pasar, me habría quedado en casa. Quería comprar un gel exclusivo como regalo de Navidad para mi hermana. Por lo que fui primero al departamento de artículos de aseo personal de señoras en la planta baja, pero allí un joven asistente me informó de que los productos de baño se vendían en la planta de arriba. ¡Qué ridículo!

Después de subir tres plantas a pie – ya que no funcionaban ni las escaleras mecánicas ni los ascensores – me encontré al jefe de planta (me enteré de su función por la chapa que llevaba, pero no recuerdo su nombre), a quien pedí ayuda. Me contestó de manera poco educada:

"*A ver, señora, por qué íbamos a poner el gel de ducha para mujeres en la planta superior, que es el departamento de deportes para hombres?*"

"*Explíquemelo Vd.*," le grité, molesta por su actitud.

Intenté no enfadarme demasiado y al final logré calmarme; sé que puedo estar un poco sensible cuando estoy estresada. Resultó ser una decisión sensata porque así logré evitar involucrarme en una discusión; de hecho, empezaba a darle pena a aquel hombre hasta el punto de que se ofreció para volver a bajar mis bolsas a la planta baja. Sí, eso es: volver a bajar a la planta de artículos de aseo para mujeres donde, me aseguró, encontraría el gel de ducha que buscaba! Sin embargo, no estaba de humor para ir acompañada y le dije educadamente que me las podía arreglar yo sola.

Estaba pensando lo que diría a la chica que me había enviado a la planta superior sin ninguna razón, haciéndome perder el tiempo, pero no había nadie allí. ¡Pero nadie! Por casualidad, pude encontrar el gel… en la sección de ¡higiene dental! No tengo ni idea por qué se había puesto allí, pero de todas maneras había encontrado por fin lo que buscaba. Fin del pánico, por lo menos es lo que esperaba. Luego intenté encontrar alguna caja donde pagar la compra… pero ¡no había nadie en ninguna caja! Sr Davis realmente quiere Vd. que paguemos las compras o preferiría que robáramos directamente los regalos de Navidad que queremos comprar para nuestros familiares?

Por fin encontré una caja al fondo de la tienda, pero había una sola dependienta para atender una cola larguísima de clientes. No me quedaba otra opción que ponerme en la cola; éramos unas 25 personas esperando a que nos atendieran… ¡y yo era la última de ellas!

Finalmente, hizo acto de presencia el mismo encargado de la tienda …para luego volver a desaparecer: no lo vimos más. Quizás no se sentía cómodo delante de un grupo tan nutrido de clientes enfadados, o quizás sencillamente no le importaba nada nuestra situación, ¿quién sabe?

¡Espero que a Vd. sí que le importe, Sr Davis!

Más tarde, al llegar a casa, me di cuenta de que uno de los botes de gel (al final había comprado dos) estaba medio vacío. ¡Muy frustrante! … aunque, eso sí, he guardado la factura, por lo que volveré a su tienda a principios del Año Nuevo para devolverlo… si es que no me da pereza.

Durante muchos años he gastado mucho dinero en una gran variedad de artículos en sus otras tiendas antes de que esta nueva tienda se inaugurara hace pocos meses, por lo cual esperaba recibir un servicio muchísimo mejor.

Espero recibir dentro de poco disculpas suyas y quizás alguna sugerencia en cuanto a cómo evitar que estos problemas vuelvan a producirse en el futuro.

Atentamente,

Janet Hughes

Dialogue 5

<u>Two friends meet in a pub after work</u>

GAVIN: *Hi Steve.*

STEVE: *Hello Gav. Good to see you.*

GAVIN: *Sorry I'm late; I was waiting for the bus for over half an hour and it's so cold out tonight, isn't it?*

STEVE: *Freezing! How about some warm, English beer?*

GAVIN: *That sounds like a good idea, unless you'd prefer a nice, cold San Miguel?*

STEVE: *Even better! I'll get them.*

GAVIN: *OK, thanks.*

STEVE: *…Here we are.*

GAVIN: *Actually, mine is a bit flat.*

STEVE: *Oh, so is mine! I'd rather have warm, English beer than a flat San Miguel.*

GAVIN: *So would I.*

STEVE: *I'll go to the bar and change them.*

GAVIN: *Ah! That's better. So how have you been, then?*

STEVE: *Not bad at all. I've just come back from a weekend trip to Berlin. Have you ever been?*

GAVIN: *A long time ago, before the wall came down.*

STEVE: *Well, that's showing your age. Neither of us is getting any younger, are we?*

GAVIN: *You speak for yourself...old man.*

STEVE: *Anyway, I had a really great time in Berlin. I was there for a wedding, actually; one of my old school friends was getting married to a local German woman.*

GAVIN: *What's his name? Have I ever met him?*

STEVE: *Peter Hennessey. Lovely guy. He's a lecturer at Southampton University.*

GAVIN: *Hm. His name does sound familiar...*

STEVE: *Even though it was very kind of them to invite me to the wedding, I didn't really feel like going at first; but then I thought I should make an effort. Peter would do the same for me. In the end, I was so glad I went. I may go again in the summer and stay at their new house. You ought to come with me; you'll love it.*

GAVIN: *I don't agree, sorry. I'm a beach holiday person, not a city-break person, and I can't bear staying in other people's houses, especially if I don't know them.*

STEVE: *I find that hard to believe, you're such an outgoing, sociable guy.*

GAVIN: *Not in the mornings!*

STEVE: *Ah yes, I remember.*

GAVIN: *You've never seen me in the mornings.*

STEVE: *What do you mean "never"? Of course I have.*

GAVIN: *When?*

STEVE: *Oh, on loads of occasions - it might have been on one New Year's morning after a heavy night's drinking.*

GAVIN: *Of warm, English beer?*

STEVE: *Exactly!*

Anyway, what have you been up to? I hope you've been behaving yourself?

GAVIN: *It's funny you should say that but in spite of what you might think, I've been working very hard.*

STEVE: *Really?*

GAVIN: Yes, seriously! I'm quite hopeful of getting promoted within the company. My sales figures have been really good this year.

STEVE: Good for you! Sounds great. I've told my boss I would like to move to an office nearer where I live; otherwise I might leave.

GAVIN: To go where?

STEVE: I've no idea; I didn't tell him that, of course.

GAVIN: Well, you have been there a long time, haven't you? Maybe it's time for a change…on the other hand; you'd get bored working near where you live. You wouldn't be able to come out for a drink with me; that's for sure. Why are you smiling?

STEVE: No comment!

Dos amigos quedan en un pub después del trabajo

GAVIN: Hola Steve.

STEVE: Hola Gav, me alegro de verte.

GAVIN: Siento haber llegado tarde. He tenido que esperar el autobús durante más de media hora con el frío que hace ¿verdad?

STEVE: Sí, ¡hace un frío que pela! Y si tomamos una cerveza inglesa a temperatura ambiente?

GAVIN: Muy buena idea… a menos que prefieras una San Miguel bien fría?

STEVE: ¡Mejor aún! Pago la ronda yo, de acuerdo?

GAVIN: Vale, gracias.

STEVE: …Aquí tienes.

GAVIN: Pues… a la mía le falta un poco de gas.

STEVE: ¡A la mía también! Preferiría una cerveza inglesa 'caliente' que una San Miguel sin gas.

GAVIN: Yo también.

STEVE: Voy a la barra a cambiarlas.

GAVIN: ¡Ahora, mucho mejor! … Y tú, ¿qué tal estás?

STEVE: Bien, voy tirando. Acabo de volver de un fin de semana en Berlín. Has estado alguna vez?

GAVIN: Sí pero hace muchos años, antes de que derribaran el Muro.

STEVE: Vaya, ya eres mayorcito, eh? Es que ninguno de los dos somos jóvenes ya, ¿verdad?

GAVIN: Habla por ti, ¡viejecito!

STEVE: Pues, me lo pasé muy bien en Berlín. De hecho he ido por una boda; un viejo amigo del instituto se casaba con una chica de allí.

GAVIN: ¿Cómo se llama él? ¿Lo conozco?

STEVE: Se llama Peter Hennessey, un tío muy simpático. Es profesor en la Universidad de Southampton.

GAVIN: Mmm – me suena el nombre...

STEVE: Fue muy amable de su parte invitarme a la boda, pero la verdad es que no tenía ganas de ir al principio: pero luego me dije que tenía que hacer un esfuerzo porque Peter haría lo mismo por mí. Al final, me alegro de haber ido e igual vuelvo en verano porque me han invitado a su casa. Por cierto, tendrías que acompañarme, te gustaría mucho.

GAVIN: Lo siento, pero no creo que me gustase. Soy playero yo, no me gusta visitar ciudades, y no soporto dormir en casa de alguien, sobre todo si no lo conozco.

STEVE: Eso lo encuentro muy difícil de creer – eres muy extrovertido y sociable.

GAVIN: ¡Por la mañana no!

STEVE: Ah sí, ahora me acuerdo.

GAVIN: Pero si no me has visto nunca a primera hora del día!

STEVE: ¿Cómo que nunca? Por supuesto que sí.

GAVIN: ¿Cuándo?

STEVE: Pues en muchas ocasiones – quizás algún Año Nuevo después de una noche de juerga, por ejemplo.

GAVIN: Después de pasar la noche bebiendo muchas cervezas inglesas a 'temperatura ambiente'?

STEVE: Exactamente! ¿Bueno y tú? ¿Qué has hecho últimamente? Espero que te hayas comportado, ¿no?

GAVIN: Tu siempre con la broma pero a pesar de lo que puedas pensar, últimamente he trabajado a tope.

STEVE: ¿De verdad?

GAVIN: Sí, en serio! Tengo esperanzas de que me suban en la empresa. Mis cifras de ventas son muy buenas este año.

STEVE: Estupendo, suena muy bien eso. Yo a mi jefe le he dicho que quisiera trabajar en una oficina más cerca de casa, que si no, igual me voy.

GAVIN: ¿Para ir a dónde?

STEVE: No tengo ni idea – ¡pero eso no se lo dije, por supuesto!

GAVIN: Bueno, hace mucho que trabajas allí, ¿verdad? Igual te iría bien cambiar de aires. Pero en cambio, seguro que te aburrirías trabajando cerca de tu casa:

entre otras cosas, no podrías salir a tomar algo conmigo después de trabajar. ¿Por qué sonríes?

STEVE: *¡Sin comentarios!*

Ejercicios (ver Respuestas página 176)

Ejercicio 1.

En cada uno de los siguientes textos mira las palabras que parecen en azul y tacha los que no son correctas.

Texto A

I have to admit I don't hope / expect to pass my exams next month because I haven't studied hard / hardly. I know I should have / must have done a lot more work but I've also got a part-time work / job now, that / which is really interesting but also takes up a lot of my time, so that's part of the problem. If I'm really honest about it, although / though, the main problem is that I'm not enough motivated / motivated enough to do / make the effort required to get really good marks / notes / qualifications in my exams.

My mum always says / tells me that the most important / the most important thing is to finish my career / degree and then look for a proper work / job, but you know how / what things are like: your fathers / parents are always giving you advice / advices but you don't always take care of / take notice of what they say / tell you, do you?

Texto B

I woke up late and lost / missed the train, so I had to take / must have taken the bus, that / which takes over half an hour longer to get to the city centre. The result was that I arrived late to work / got to work late and the boss wasn't pleased. He was even more angry / angrier when I told him I had forgotten / left my work mobile at home, so I couldn't be contacted if I would go / went off-site. I then had a discussion / an argument with one of the senior guys in accounts who's been there for / since over ten years, about something quite trivial, actually. All in all, it was quite a stressing / stressful morning!

Texto C

The better / best film I saw / have seen last year was Nebraska, a movie of / by / from Alexander Payne. The history / story is about an elderly man who believes he has won a large quantity / sum of money as a prize in an internet competition, but all his family notice / realise that this is a scam, just a trick for / to cheat the people / people. Anyway, that / what the film pretends / tries to show is how it is never too late / too much late to improve a difficult relationship with a parent. It really liked me! / I really liked it!

Texto D

One of the most interesting travels / trips I've ever / never been on was a ten-day holiday in Egypt many years ago. The first evening was / has been memorable – when we arrived to / at our hotel, it was / there was a power cut, so we were completely in the dark for the first twenty minutes, but fortunately we could / were able to find our room and let / leave the cases there before to go / going out to get something to eat. The problem had been arranged / solved when we got back and after that we had no / any more problems during our holiday, that / which was absolutely wonderful!

Texto E

Remember / remind me to send that report to head office later on this morning, do you / will you? It's too / so important, and they've waited / been waiting for it for / since three days, but you know how / what my memory is like, so please don't let me to forget / forget; unless / otherwise, I'll be in trouble!

Ejercicio 2.

Escoge la traducción correcta al inglés
de las siguientes frases en español:

1. Hace mucho tiempo que no te veo.
a) It's a long time that I don't see you.
b) I haven't seen you for a long time.
c) I didn't see you for a long time.

2. Si tuviera más tiempo iría al gimnasio más a menudo.
a) If I would have more time, I would go to the gym more often.
b) If I had had more time, I would go to the gym more often.
c) If I had more time, I would go to the gym more often.

3. Nadie puede correr los 100 metros en menos de 8 segundos.
a) Anyone can run the 100 metres in under 8 seconds.
b) Anyone can't run the 100 metres in under 8 seconds.
c) No one can run the 100 metres in under 8 seconds.

4. Es la ciudad más bonita que he visto nunca.
a) It's the most beautiful city I've ever seen.
b) It's the most beautiful city I've never seen.
c) It's the more beautiful city I've ever seen.

5. Ya he visto la nueva película de Brad Pitt.
a) I've seen the new Brad Pitt film yet.
b) I've already seen the new Brad Pitt film.
c) I've already seen the Brad Pitt's new film.

6. Me llamó mi prima para darme una buena noticia.
a) My cousin rang me to give me a good new.
b) My cousin rang me to give me a good news.
c) My cousin rang me to give me some good news.

7. Cada sábado juego al tenis con mi cuñado.
a) I play tennis with my brother-in-law every Saturday.
b) I play tennis with my brother-in-law each Saturday.
c) I play tennis with my brother-in-law all the Saturdays.

8. Ninguno de los candidatos convenció en la entrevista.
a) Any of the candidates were convincing in the interview.
b) None of the candidates were convincing in the interview.
c) No one of the candidates were convincing in the interview.

9. Lo que más me gustó de Birmania fue la gente, siempre educada y sonriente, a pesar de sus problemas.
a) What I liked more of Burma was the people, always polite and smiling in spite of their problems.
b) What I liked most about Burma was the people, always polite and smiling in spite of their problems.
c) What I liked most from Burma was the people, always polite and smiling in spite of their problems.

10. A pesar de que empezaba a llover fueron a dar una vuelta por la ciudad.
a) They went for a walk round the town, although it was starting to rain.
b) They went for a walk round the town, in spite of it was starting to rain.
c) They went for a walk round the town, despite it was starting to rain.

Ejercicio 3.

Palabras que se confunden con facilidad (I)
Escoge la(s) palabra(s) correcta(s) para completar cada frase:

1. hurt / damaged
   a. John was .... in a minor car accident.
   b. The building was .... in the storm.

2. lose / miss
   a. If you don't hurry up, you'll .... the train.
   b. You should make a copy of your list of phone numbers in case you .... your mobile phone.

3. sensible / sensitive
   a. He's a very .... child so be careful what you say to him.
   b. He's a very .... child and wouldn't do anything without thinking carefully about it.

4. early / soon
   a. She got to the meeting .... and had to wait 20 minutes for everyone else.
   b. We need to have a meeting .... to talk about this problem – how about tomorrow?

5. economic / economical
   a. The .... situation is getting worse.
   b. My new car is .... to run: it uses up much less petrol than my previous one.

6. at the end / in the end / at last
   a. They found it hard to decide where to go on holiday but .... they all agreed to go to Tenerife.
   b. .... of the trial period, the company offered her a permanent contract.
   c. After a difficult ten-hour climb, the mountaineers reached the summit ....

7. waiting / hoping / expecting (to wait / to hope / to expect)
   a. He's .... to pass all his exams because he's worked extremely hard this year.
   b. He's .... to pass all his exams, naturally, but he's always found maths very difficult, so we'll have to see.
   c. He's finished all his exams now so he's just .... to get his results.

8. fit / suit
   a. That jacket doesn't .... you; it makes you look much older!
   b. That jacket doesn't .... you, the sleeves are much too short.

9. look good / look well
   a. You .... , have you been away on holiday?
   b. You .... in that coat, is it new?

10. forgot / left (to forget / to leave)
    a. He .... his briefcase on the bus.
    b. He .... his briefcase and had to do the talk from memory.

Ejercicio 4

Palabras que se confunden con facilidad (II)
Escoge la(s) palabra(s) correcta(s) para completar cada frase:

1. trip / journey / travel
   a. The train .... was really long and boring but the .... as a whole was brilliant!
   b. .... is a great way to open your mind to other cultures and sensations.

2. for / since / from
   a. He hasn't seen his sister .... last summer.
   b. He worked for a chemical company .... 2002 till 2009.
   c. He has worked for a chemical company .... over ten years.

3. fun / funny
   a. We were invited to a party and it was ....
   b. He told ....stories which made everyone laugh.

4. going out / going away (to go out / to go away)
   a. We're .... this weekend to a little country hotel; it should be great!
   b. We're .... this weekend with some friends; we'll probably meet up for a drink first and then have dinner at one of our favourite restaurants.

5. grown / grown up (to grow / to grow up)
   a. Those plants have .... really quickly; did you water them every single day?

b. Her son has .... so quickly: it only seems like a couple of years since he was at primary school!

c. Her son has .... almost three inches in the last year and now he's taller than me!

6. last / latest

   a. "Have you heard their .... album, the one that came out a couple of weeks ago?"

   b. "Yes, it's alright but I don't think it's half as good as their .... one, in 2011, to be honest."

7. plenty / full

   a. he room was .... of people and it was difficult to reach the bar and get a drink.

   b. There were .... of people at the concert but the tickets didn't sell out.

8. actually / currently

   a. She's .... at university but she graduates next summer and then wants to work abroad for a while.

   b. She's .... French but you'd never know because she speaks perfect Spanish, with no trace of an accent.

9. prescription / recipe / receipt

   a. Don't lose the ...., we might want to change the article later.

   b. I took the .... to the chemist's to get my tablets.

   c. This is a traditional .... for apple pie.

10. robbed / stolen (to rob / to steal)

   a. He was .... on his way home from work.

   b. He had his wallet ....

Respuestas

Ejercicio 1

Texto A

I have to admit I don't **expect** to pass my exams next month because I haven't studied **hard**. I know I **should have** done a lot more work but I've also got a part-time **job** now, **which** is really interesting but also takes up a lot of my time, so that's part of the problem. If I'm really honest about it, **though**, the main problem is that I'm not **motivated enough** to **make** the effort required to get really good **marks** in my exams.

My mum always **tells** me that **the most important thing** is to finish my **degree** and then look for a proper **job**, but you know **what** things are like, your **parents** are always giving you **advice** but you don't always **take notice of** what they **tell** you, do you?

[Tengo que confesar que no espero aprobar los exámenes el mes que viene porque no he estudiado mucho. Sé que debería haber trabajado mucho más pero ahora tengo un trabajo a tiempo parcial, que es muy interesante pero me ocupa muchísimo tiempo: ahí está el problema. Pero si he de ser sincero, el problema principal es que no estoy lo suficientemente motivado como para hacer el esfuerzo necesario para sacar buenas notas en los exámenes.

Siempre me dice mi madre que lo más importante es acabar la licenciatura y después buscar un trabajo bueno, pero ya se sabe, los padres siempre te dan consejos pero no siempre les haces caso, ¿verdad?]

Texto B

I woke up late and **missed** the train, so I **had to take** the bus, **which** takes over half an hour longer to get to the city centre. The result was that I **got to work late** and the boss wasn't pleased. She was even **angrier** when I told her I had **left** my work mobile at home, so I couldn't be contacted if I **went** off-site. I then had **an argument** with one of the senior guys in accounts who's been there **for** over ten years, about something quite trivial, actually. All in all, it was quite a **stressful** morning!

[Por despertarme tarde perdí el tren, por lo tanto tuve que coger el autobús, que tarda media hora más en llegar al centro de la ciudad. Como consecuencia, llegué tarde al trabajo y mi jefa no estaba muy contenta que digamos. Se enfadó más aun cuando le expliqué que se me había olvidado el teléfono móvil de la empresa en casa, por lo que sería imposible contactarme si estuviera fuera de la oficina. Luego discutí – sobre algo más bien trivial – con uno de los ejecutivos de Contabilidad que hace más de diez años que trabaja con nosotros. Total, ¡fue una mañana bastante estresante!]

Texto C

The **best** film I **saw** last year was *Nebraska*, a movie **by** Alexander Payne. The **story** is about an elderly man who believes he has won a large **sum** of money as a prize in an internet competition, but all his family **realise** that this is a scam, just a trick **to** cheat **people**. Anyway, **what** the film **tries** to show is how it is never **too late** to improve a difficult relationship with a parent. **I really liked it!**

[La mejor película que vi el año pasado fue *Nebraska*, de Alexander Payne, que cuenta la historia de un hombre mayor que cree que ha ganado una gran cantidad de dinero en un premio de un concurso en internet, pero toda su familia se da cuenta que se trata de un timo, sencillamente un truco para engañar a la gente. Bueno, lo que la película pretende explicar es que nunca es tarde para mejorar una relación difícil con un padre o una madre. ¡Me gustó mucho!]

Texto D

One of the most interesting **trips** I've **ever** been on was a ten-day holiday in Egypt many years ago. The first evening **was** memorable – when we arrived **at** our hotel, **there was** a power cut, so we were completely in the dark for the first twenty minutes, but fortunately we **were able to** find our room and **leave** the cases there before **going** out to get something to eat. The problem had been **solved** when we got back and after that we had **no** more problems during our holiday, **which** was absolutely wonderful!

[Uno de los viajes más interesantes que he hecho jamás fue unas vacaciones de diez días en Egipto hace muchos años. La primera tarde fue memorable – cuando llegamos al hotel, había un apagón, que nos dejó en la oscuridad durante los primeros veinte minutos. Afortunadamente, pudimos encontrar la habitación para dejar las maletas antes de salir a cenar algo. A nuestro regreso al hotel ya se había solucionado el problema, y no volvimos a tener ningún problema más durante nuestra estancia, que fue una maravilla!]

Texto E

Remind me to send that report to head office later on this morning, **will you**? It's **so** important, and they've **been waiting** for it **for** three days, but you know **what** my memory is like, so please don't let me **forget**; **otherwise**, I'll be in trouble!

[Recuérdame que envíe ese informe a la sede principal más tarde, ¿vale? Es muy importante y llevan tres días esperándolo, pero ya sabes la memoria que tengo yo, así que no dejes que se me olvide, si no, ¡estaré metido en un lío!]

Ejercicio 2

1. b) I haven't seen you for a long time.
2. c) If I had more time, I would go to the gym more often.
3. c) No one can run the 100 metres in under 8 seconds.
4. a) It's the most beautiful city I've ever seen.
5. b) I've already seen the new Brad Pitt film.
6. c) My cousin rang me to give me some good news.
7. a) I play tennis with my brother-in-law every Saturday.
8. b) None of the candidates were convincing in the interview.
9. b) What I liked most about Burma was the people…
10. a) Although it was starting to rain, they went for a walk round the town.

Ejercicio 3

1. a. hurt   b. damaged
2. a. miss   b. lose
3. a. sensitive   b. sensible
4. a. early   b. soon
5. a. economic   b. economical
6. a. in the end   b. At the end   c. at last
7. a. expecting   b. hoping   c. waiting
8. a. suit   b. fit
9. a. look well   b. look good
10. a. left   b. forgot

Ejercicio 4

1. a. journey   b. trip   c. Travel
2. a. since   b. from   c. for
3. a. fun   b. funny
4. a. going away   b. going out
5. a. grown   b. grown up   c. grown
6. a. latest   b. last
7. a. full   b. plenty
8. a. currently   b. actually
9. a. receipt   b. prescription   c. recipe
10. a. robbed   b. stolen